하루 3분 세계사

하루 3분 세계사

김동섭 지음

시공사

3 minutes a day

언어를 배울 때 "왜 그 말이 그런 뜻을 가지게 되었나요?"라고 질문하는 버릇을 가지면 큰 도움이 된다. 인간의 뇌는 언어를 통해 바깥 세상을 정리하기 때문이다. 즉 어떤 개념이나 사물을 나타내는 단어를 알게 되었을 때, 무작정 그 단어를 암기해서 머릿속에 저장하기보다는 "아, 그런 이유에서 이 단어가 이런 뜻을 가지게 되었구나!"라는 정보를 알면 훨씬 더 효과적으로 지식을 축적할 수 있다.

그런데 언어는 인간이 만든 다른 문화적 산물들과 마찬가지로, 세월이 흐르면서 끊임없이 변화한다. 어떤 단어가 처음 생겨났을 때 가지고 있던 의미나 발음, 쓰임과 형태가 지금은 남아 있지 않을지도 모른다. 그렇기 때문에 한 단어가 왜 그런 의미를 가지게 되었는지를 알기 위해서는 단어의 뿌리로 돌아가 원래의 맥락과 형태를 살펴보아야 한다.

이 여정이 쉽지는 않다. 나는 최대한 독자들이 이 여행을 즐길 수 있도록, 그리고 쉽게 여행을 떠날 수 있도록 하기 위해 색다른 형식을 택했다. 누구든 하루에 3분씩만 시간을 할애하면 된다. 3분 동안 핵심 단어 1개의 어원과 유래를 탐험해보는 것이다.

단어는 풍성한 역사적 배경과 지식을 품고 있으므로, 이 책이 제시하는 대로 100일 동안 따라가기만 한다면 머릿속에 수많은 역사 상식이 차곡차곡 쌓일 것이다. 어쩌면 역사의 매력에 푹 빠진 독자는 50일, 30일, 또는 하룻밤 만에 모험을 마치게 될지도 모른다. 이렇게 쌓인 상식과 지식은 지적 대화의 자양분이 되어줄 것이다.

나는 이 책에서 어떤 언어가 처음에 가지고 있었던 모습, 최초의 형태를 탐험하는 데 상당 부분을 할애했다. 그래서 전혀 다르게 보이는 단어들이 어떻게 한 부모 아래에서 태어났는지, 한 단어가 어떤 역사의 풍파를 맞아 지금의 모습으로 변했는지 여러 각도에서 조망해보았다.

그 각도란, 크게 보면 역사적 관점과 문화적 관점이다. 왜냐하면 언어를 변화시키는 가장 큰 외부적 요인은 그 언어를 사용하는 집단이 겪은 역사와 문화이기 때문이다. 또한 그리스나 북유럽에서 전해 내려오는 신화도 중요한 어원이다. 신의 이름이나 속성에서 비롯된 단어들이 의외로 많다.

예를 하나 들자면, 1066년에 잉글랜드 왕국은 바다를 건너 침입한 노르만족에게 정복당했다. 그런데 잉글랜드는 영어를 사용하는 게르만 문화권이었고, 노르만족이 살던 노르망디 공국은 프랑스 문화권이었다. 정복자의 언어는 피정복자의 언어에 지대한 영향을 미치게 되는데, 이로 인해 영어는 게르만 계통의 언어보다는 오히려 라틴어 및 프랑스어와 가까워 보이게 되었다. 현대 영어 어휘의 30퍼센트가 프랑스어에 뿌리를 두고 있는 이유가 여기에 있다.

언어를 배우는 것은 곧 그 나라와 교류하는 것이며, 그 나라의 문화를 알게 되는 것이다. 나는 이 책에서 독자들이 언어와 함께 그리스에서 영국으로, 노르웨이에서 프랑스로 세계여행을 즐길 수 있으리라고 생각한다.

2017년 8월, 이촌동 서재에서
김동섭

서문   5

CHAPTER **1** 상식을 키워주는 단어 이야기

Day 1	유럽의 기사들은 싸우면서 시간을 보냈다? ✦ 토너먼트	14
Day 2	테니스는 원래 프랑스 왕실에서 하던 놀이였다? ✦ 테니스	18
Day 3	비박이 알고 보면 숙박과 전혀 상관없다니! ✦ 비박	21
Day 4	좋다는 말이 사실은 좋지 않다는 뜻이라고? ✦ 좋다	23
Day 5	남자는 무기를 가진 사람, 여자는 실을 잣는 사람? ✦ 남자, 여자	26
Day 6	남편은 집 지키는 사람이다? ✦ 남편	28
Day 7	아침은 노동자들만 먹는 것? ✦ 아침 식사	31
Day 8	블루투스는 이가 파란 사람이 만들었다고? ✦ 블루투스	33
Day 9	스위트룸은 정말 달콤한 방일까? ✦ 스위트룸	35
Day 10	모기지론은 사실 고리대금이었다? ✦ 모기지론	38
Day 11	카니발은 고기 먹는 날이래! ✦ 카니발	40
Day 12	손수건은 코만 푸는 천이었다? ✦ 손수건	43
Day 13	트로피가 원래는 전리품이었다고? ✦ 트로피	45
Day 14	왜 구조 신호를 보낼 때 5월 1일을 외칠까? ✦ 메이데이	48
Day 15	목숨만은 살려주시오! 부디 자비를! ✦ 자비	50
Day 16	귀족은 빵 지키는 사람, 귀부인은 빵 반죽하는 사람? ✦ 귀족, 귀부인	53
Day 17	죽음에 대한 복수를 금지하자는 회의가 있었다고? ✦ 물건	55
Day 18	포크는 먹을 수 있는데, 피그는 먹을 수 없다고? ✦ 돼지고기	58
Day 19	싱가포르는 좋은 나라? 아니면 벌금의 나라? ✦ 벌금	60

CHAPTER **2** 역사의 흔적을 품은 단어들

Day 20	부르주아가 로마의 멸망을 알고 있다? ✦ 부르주아	64
Day 21	영국과 프랑스 간 싸움 때문에 생겨난 말들이 있다? ✦ 프렌치 키스	66
Day 22	중세에 여행은 고통스러운 일이었다고? ✦ 여행	69
Day 23	셰프는 원래 머리를 의미하는 말이다? ✦ 셰프	71
Day 24	밀가루는 왜 꽃과 같은 발음을 가지게 되었을까? ✦ 밀가루	73

Day 25 양파는 통일과 관련이 깊다? ✦ 양파 76
Day 26 드레스, 소스, 주소가 모두 한 가족이라고? ✦ 드레스 78
Day 27 예전에는 배너를 귀족만 사용할 수 있었다? ✦ 배너 81
Day 28 옛날에는 점심 식사를 3시에 했었다고? ✦ 정오 83
Day 29 영어가 프랑스어 때문에 얼굴을 잃었다니? ✦ 얼굴 85
Day 30 리무진의 고향은 리무진이다? ✦ 리무진 87
Day 31 계절을 나타내는 말들은 어디서 왔을까? ✦ 계절 89
Day 32 역사는 이야기에서 비롯되었다? ✦ 이야기 92
Day 33 프랑스어가 영어보다 더 고급 언어였다? ✦ 왕실 94
Day 34 윌리엄과 기욤이 같은 사람이라고? ✦ 보증하다 96
Day 35 배달은 사실 아주 신성한 의미를 담고 있다? ✦ 배달 98

CHAPTER 3 라틴어는 살아 있다

Day 36 1월은 야누스의 달, 3월은 마르스의 달 ✦ 1월 102
Day 37 아우구스투스 황제의 이름은 귀여운 막둥이? ✦ 왕자 106
Day 38 행복한 타히티 원주민의 자살률이 높은 이유는? ✦ 이름 108
Day 39 유노 여신이 돈을 찍어냈다는 게 사실일까? ✦ 돈 110
Day 40 비디오가 그냥 본다는 뜻이라고? ✦ 비디오 112
Day 41 아베 마리아는 사실 만세 마리아? ✦ 만세 114
Day 42 탤런트는 어떻게 젊은이들의 우상이 되었을까? ✦ 탤런트 117
Day 43 예수의 고난을 뜻하던 말이 왜 열정이 되었을까? ✦ 열정 119
Day 44 바이킹은 전쟁이라는 말을 몰랐다고? ✦ 전쟁 121
Day 45 에일리언과 알리바이는 무슨 사이일까? ✦ 외계인 124
Day 46 한 사람의 몸값이 연간 예산을 좌지우지한다니! ✦ 몸값 126
Day 47 장기 숙박 고객은 호텔로, 단기는 병원으로 가세요! ✦ 호텔 128
Day 48 어디에나 있는 자, 아무 데도 없다 ✦ 유비쿼터스 130
Day 49 크리스마스를 왜 X-마스라고 하게 된 걸까? ✦ 크리스마스 132
Day 50 오른손이 바른손인 이유가 라틴어에 숨어 있다 ✦ 오른쪽 134
Day 51 파리가 빛의 도시인 이유는? ✦ 파리 139
Day 52 런던은 신이 이끄는 도시다? ✦ 런던 141
Day 53 여럿으로부터 하나가 된 나라, 미국 ✦ 미국 143

Day 54 판테온이 간직한 신비한 비밀이 있다고? ✦ 판테온   145

Day 55 베르사유 궁전에 새겨진 루이 14세의 모토는? ✦ 루이 14세   149

Day 56 프랑수아 1세가 도마뱀을 좋아했다고? ✦ 불을 끄다   152

Day 57 잉글랜드 왕실에 사념을 품으면 벌을 받는다! ✦ 가터 훈장   156

Day 58 엘리자베스 1세는 왜 국가와 결혼했다고 말했을까? ✦ 엘리자베스 1세   158

Day 59 영국 왕실의 계승자는 독일인이다? ✦ 웨일스의 왕자   161

Day 60 네덜란드 축구 팀은 왜 오렌지 군단이라고 불릴까? ✦ 오렌지   163

Day 61 A. E. I. O. U.로 주문을 외워봐! ✦ 프리드리히 3세   165

Day 62 로마 곳곳에서 보이는 S. P. Q. R.은 대체 무슨 뜻일까? ✦ S. P. Q. R.   167

CHAPTER **4** 신화가 들려주는 어원의 비밀

Day 63 수요일은 애꾸눈 오딘의 날? ✦ 일주일   172

Day 64 오딘도 이기지 못했던 저승의 여신 ✦ 지옥   176

Day 65 평범한 약이 독약으로 둔갑해버린 까닭은? ✦ 독약   178

Day 66 신 중에 다리가 없는 신이 있었다? ✦ 기간   181

Day 67 제우스 신이 유일하게 유혹에 실패한 여자는? ✦ 제우스   183

Day 68 우주는 혼돈으로부터 시작되었다! ✦ 카오스   186

Day 69 타이타닉 호는 침몰할 수밖에 없었다고? ✦ 타이타닉   189

Day 70 불면증은 잠의 신 이름에서 나왔다? ✦ 불면증   191

Day 71 인간에게 공포를 선사한 아레스의 아들은 누구? ✦ 공포증   194

Day 72 패닉은 사람들이 무서워한 요정 이름이다? ✦ 공황   196

Day 73 신을 시험한 인간 탄탈로스는 어떻게 되었을까? ✦ 감질나게 하다   199

Day 74 고래 싸움에 새우 등 터진 판도라 이야기 ✦ 판도라   201

Day 75 하이퍼링크는 멀리 데려가준다는 뜻? ✦ 하이퍼링크   204

Day 76 스틱스강을 두고 맹세해! ✦ 치명적인   206

Day 77 상젤리제는 천상의 땅이라는 뜻이다? ✦ 상젤리제   209

CHAPTER **5** **가장 오래된 역사, 이름**

Day 78	로마에서는 아버지와 아들이 같은 이름을 썼다? ✦ 카이사르	214
Day 79	황제는 모든 것을 장악한 자 ✦ 황제	217
Day 80	돈 많은 리처드, 용감한 버너드 ✦ 리처드	220
Day 81	이 마을에는 윌리엄만 수십 명이라고? ✦ 스미스	223
Day 82	돈이 없으면 교수형대의 밧줄이나 사라지! ✦ 벤허	226
Day 83	조지 부시 부자의 이름이 같은 이유는? ✦ 조지 부시	229
Day 84	피카소가 성공한 것이 어머니 덕분이다? ✦ 피카소	232
Day 85	러시아에서는 딸 이름으로 아버지 이름을 알 수 있다? ✦ 마리아 샤라포바	235
Day 86	로마는 왜 늑대의 도시일까? ✦ 로마	237
Day 87	영국이 로마제국의 속주일 때가 있었다고? ✦ 영국	239
Day 88	8세기 바이킹의 침략으로 생긴 말들은? ✦ 바이킹	244
Day 89	이제 이곳은 바이킹이 접수한다! ✦ 스칸디나비아	247
Day 90	바이킹 때문에 사라진 영어는 무엇일까? ✦ 노르망디	250
Day 91	캐나다는 실수로 붙여진 이름이다? ✦ 캐나다	253
Day 92	뵈닉하우젠 탑이 될 뻔한 에펠탑? ✦ 에펠탑	255
Day 93	미시시피강과 미나리가 한 뿌리라고? ✦ 미시시피	258

CHAPTER **6** **단어의 뿌리, 기호**

Day 94	왜 성경에는 40이라는 숫자가 많이 나올까? ✦ 검역	262
Day 95	인류 최초의 문자는 무엇일까? ✦ 쐐기문자	266
Day 96	프랑스어와 영어는 왜 숫자 세는 법이 다를까? ✦ 계산기	269
Day 97	왜 덧셈을 +로 쓰게 되었을까? ✦ 더하기, 빼기	271
Day 98	27번째 알파벳이 존재한다고? ✦ 그리고	273
Day 99	이메일 주소에 쓰는 골뱅이는 어디서 왔을까? ✦ 골뱅이	275
Day 100	고대 그리스 사람들은 띄어쓰기를 했을까? ✦ 물음표	277

그림 출처 279

CHAPTER 1

상식을
키워주는
단어 이야기

DAY 1

유럽의 기사들은
싸우면서 시간을 보냈다?

오늘의 단어 **토너먼트**tournament

✦✦✦✦✦✦✦✦✦✦✦✦✦✦✦✦✦✦✦✦✦✦✦✦✦✦✦✦✦✦✦✦✦✦

우리는 스포츠에 열광한다. 스포츠만큼 흥미진진한 오락거리가 또
있을까? 스포츠 경기를 하는 방식에는 여러 가지가 있지만 그중에
서 가장 긴장감 넘치는 방식은 역시 토너먼트다. 대개 선수들을 2개
의 조로 나누고 각 조에서 1명씩 뽑아 짝을 지어 경기를 하게 되는
데, 강자끼리 맞붙을 수도 있지만 운 좋게 약자를 만나 결승까지 올
라갈 수도 있다.

　토너먼트라는 말의 어원은 프랑스어에서 찾을 수 있다. 뜻은 '말
을 탄 기사들이 돌아가며 집단 시합을 하는 경기'다. 영어 동사 turn
도 같은 뿌리에서 나온 말이다. 돌아가며 순서를 차지한다는 뜻이
다. 관광을 의미하는 tour 역시 '1차례 돌아본다'는 뜻에서 관광이라
는 의미를 가지게 되었다.

　타임머신을 타고 중세 유럽으로 가보자. 11세기 말부터 13세기 말
까지 이어졌던 십자군 원정이 끝나자, 혈기왕성한 유럽의 기사들은
할 일이 없어졌다. 싸울 일이 없어지니 몸이 근질근질해졌을 것이다.
어찌 보면 이 무렵 마상시합이 기사들 사이에서 인기를 끌었던 것
도 당연한 일이다.

　당시 중세의 기사들이 벌였던 결투를 총칭하는 말이 토너먼트다.

결투에 참여하는 기사들은 champion(샹피옹)이라고 불렸다. 토너먼트 방식에는 크게 2가지가 있었는데, 말을 탄 2명의 기사가 창을 들고 마주보며 돌진하는 마상시합과 기사들이 두 패로 나뉘어 싸움을 벌이던 집단 결투가 있었다. 다시 말해 개인 간의 마상시합은 토너먼트 방식의 하나로 볼 수 있다.

 기사들은 귀부인들의 전폭적인 응원을 한몸에 받았다. 시합에서 이긴 기사는 관람석에서 자기를 응원하던 귀부인 중 1명에게 창을 내밀었다. 그러면 지목받은 귀부인은 화려한 스카프를 던져 창끝에 걸어줌으로써 애정을 전했다.
 진정한 토너먼트는 1대1로 싸우는 마상시합이 아니라 2개의 패가 집단으로 싸우는 방식이었다. 하지만 이 경기 방식에도 지켜야 할 규칙이 있었다.

1. 투구와 몸통만 창으로 공격한다.

2. 투구가 벗겨진 기사는 공격하지 않는다.

3. 여러 명이 1명의 기사를 공격하지 않는다.

4. 기사가 탄 말을 공격해서는 안 된다.

5. 칼날이 아닌 칼등으로 공격해야 한다.

6. 경기장 밖에서 공격을 하면 안 된다.

그러나 이런 규칙이 있었음에도 불구하고, 토너먼트는 단순히 스포츠라고 하기에는 너무 위험한 경기였다. 1240년 독일의 노이스Neuss에서 벌어진 토너먼트 경기에서는 60명의 기사가 목숨을 잃기도 했다. 결국 프랑스의 루이 9세Louis IX는 1260년에 토너먼트 경기를 금지시키기에 이른다. 이후 토너먼트는 창끝을 무디게 만들거나 덮개를 씌우게 함으로써 귀족들의 레포츠로 명맥을 유지했다.

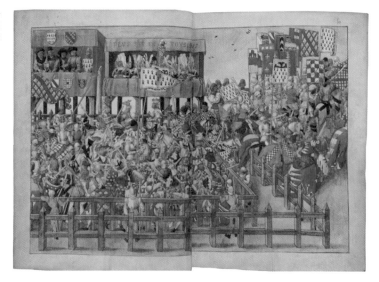

토너먼트의 백미인 집단 결투. 양 진영으로 나뉘어 경기장 안에서 치열한 결투를 벌인다.

유럽 역사상 가장 드라마틱한 마상시합을 꼽으라면, 1559년 프랑스의 앙리 2세Henri II와 몽고메리 백작Comte de Montgomery 간의 시합일 것이다. 이 시합에서 앙리 2세는 투구를 뚫고 들어온 창에 눈을 찔려 열흘간 고통에 시달리다 세상을 떠났다. 그러나 이 시합이 유명해진 이유는 다른 데 있다. 16세기 중반, 당대 최고의 예언가였던 노스트라다무스Nostradamus가 자신의 예언집《세기들Centuries》에서 앙리 2세의 죽음을 예언했기 때문이다. 노스트라다무스가 읊은 시에 나온 대로 왕이 죽고 만 것인데, 물론 그 시의 해석에 대해서는 의견이 분분한 면도 있다. 문제의 시는 다음과 같다.

TIP

앙리 2세(1519~1559)
앙리 2세는 개신교를 무자비하게 탄압했지만, 한편으로는 프랑스를 철저하게 왕권 중심의 국가로 만들려고 노력했다. 사실 몽고메리 백작과의 마상시합은 앙리 2세의 딸 부부와 여동생 부부의 결혼식을 한꺼번에 축하하는 연회 행사였다고 하는데, 불의의 사고가 일어나는 바람에 축제 분위기가 완전히 망가졌을 것을 생각하니 슬프기도 하다.

시합장에서 이상한 결투를 통해
젊은 사자가 늙은 사자를 거꾸러뜨리리라
황금으로 만든 새장 속의 눈을 꿰뚫어
고통 속에 노인은 비참한 최후를 맞으리라

레오나르도 다빈치보다 반세기 뒤에 태어난 노스트라다무스는 점성가이자 의사였다. 노스트라다무스라는 이름은 성모 마리아를 뜻하는 Notre-Dame의 라틴어 버전이다.

실제로 왕은 몽고메리 백작의 창에 눈을 찔려 사망했는데, 왕의 방패에는 사자가 그려져 있었다. 시합은 실제 결투가 아니었으므로 백작의 창끝에는 가죽 덮개가 씌워져 있었다. 그런데 시합 중에 그만 덮개가 벗겨진 것이다. 이렇게 앙리 2세가 마상시합에서 치명상을 입고 절명하자, 중세 사람들의 열광과 지지를 받던 토너먼트 경기는 다시 금지되었다.

DAY 2
테니스는 원래 프랑스 왕실에서 하던 놀이였다?

✦✦✦✦✦✦✦✦✦✦✦✦✦✦✦✦✦✦✦✦✦✦✦✦✦✦✦✦✦✦✦✦✦✦✦✦✦

중세 프랑스에는 '죄 드 폼Jeu de paume'이라는 공놀이가 있었다. 여기서 paume은 손바닥이라는 의미이므로 이 놀이는 손바닥으로 공을 치고, 받는 놀이였음을 짐작할 수 있다. '죄 드 폼'은 왕실에서 크게 유행했으며, 마침내 영국에 전해져 테니스로 발전하게 된다.

그렇다면 tennis라는 이름은 어디서 나왔을까? 프랑스어로 "Tenez!"라는 말이 있다. 이것은 tenir 동사의 2인칭 명령형으로, 물건 등을 건넬 때 "자, 여기 있어!", "자, 받아!" 정도로 해석할 수 있다.

손바닥을 사용하던 '죄 드 폼'은 점차 라켓을 사용하는 경기로 발전했다. 테니스를 국제화, 규범화한 것은 영국인들이다.

그러므로 "Tenez!"는 공을 상대방에게 던지면서 공 받을 준비를 하라고 말할 때 사용하던 표현인 것이다. 중세 프랑스어에서는 알파벳 z가 s와 혼용되었기 때문에 tennis가 tenez에서 유래했다는 이론이 상당히 타당성 있다.

테니스라는 이름이 프랑스어에서 유래했다는 사실로 미루어 보아, 경기 규칙과 관련된 용어에도 프랑스어가 들어가 있으리라고 예상할 수 있다. 먼저 테니스 경기의 독특한 점수 산정 방식을 살펴보자. 공격에 성공하면 1포인트를 얻고,

4포인트를 먼저 얻으면 1게임을 이긴다. 이렇게 6게임을 먼저 이기는 사람이 1세트를 가져간다. 각 포인트를 얻을 때마다 0, 15, 30, 40, 60으로 점수가 올라간다. 마치 60진법을 사용하는 시계를 보는 듯하다.

얻은 포인트	0	1	2	3	4
승점에 해당하는 숫자	러브love	15	30	40	게임game

점수를 계산할 때 이런 방식을 채택하게 된 이유로는 다음과 같은 설이 유력하다. 본래 테니스는 궁정에서 즐겨 하던 실내 스포츠였다. 경기 코트에는 시계가 걸려 있었는데, 알다시피 시계는 60진법에 따라 움직인다. 시계의 분침이 가리키는 숫자가 15, 30, 45를 나타내는 것을 보고 15를 단위로 삼아 점수를 계산하게 되었다는 것이다. 45가 아니라 40을 사용하는 것은 두 단어인 45보다 한 단어인 40(영어로는 forty, 프랑스어로는 quarante)이 발음하기 편했기 때문이라는 설명이 있다.

이 밖에도 프랑스어에서 온 용어들이 많다. 점수가 40대40이 되면, 어느 누구도 1번의 승리로 그 게임을 가져갈 수 없고 2번 연속해서 승리해야 한다. 이때 40대40이 된 상황을 듀스deuce라고 부른다. 듀스는 두 선수가 동점이라는 의미인데, 프랑스어에서 숫자 2를 의미하는 deux와 어원이 같다. 중세 영어에서는 프랑스어의 s를 ce로 표기했으며, 중세 프랑스어에서 x는 us를 표기하는 철자였으므로 프랑스어 deux는 deus로 표기되었고 영어에는 deuce로 들어간 것이다.

하지만 프랑스에서는 동점 상황을 '같다'는 의미의 égalité라는 용어로 부른다. 영어가 전통을 더 잘 보존하고 있는 셈이다. 때로 deuce는 17세기 이후에 불운을 의미하거나, 구어에서 '도대체, 제기랄'과 같은 의미로도 사용되었다.

What the deuce are you doing? **도대체 뭘 하는 거야?**

위의 문장에서 deuce는 프랑스어로 악마라는 뜻의 diable로도 옮길 수 있다. 프랑스어로 신을 의미하는 수는 1이고, 악마를 상징하는 수는 2이기 때문에 2를 의미하는 deuce에 악마나 제기랄 등의 의미가 생겼다고 볼 수 있다.

끝으로 테니스에서는 앞의 표에서처럼 숫자 0을 사용하지 않고 '러브'라는 단어를 사용하는데, 가장 설득력 있는 설명에 의하면 달걀을 의미하는 프랑스어 l'œuf('뢰프'라고 읽어야 한다)가 영어의 love로 바뀌었다고 한다. 숫자 0이 알과 닮았기 때문이다.

테니스에서는 6대 0으로 진 게임을 '러브 게임'이라고 부른다. 일설에는 완패를 당한 상대방을 배려하는 차원에서 생긴 말이라고 하지만, 개인적으로는 달걀에서 유래했다는 설이 더 맞는 것 같다.

비박이 알고 보면 숙박과 전혀 상관없다니!

오늘의 단어 **비박bivouac**

✦✦

민박, 숙박, 외박, 비박의 공통점은 무엇일까? 모두 '잔다'는 공통분모가 있다. 앞의 세 단어는 그 의미가 대중에게도 익히 알려져 있지만, 마지막에 소개한 비박은 산행 마니아들에게나 잘 알려진 말이다.

비박은 등산 용어로, 부피가 크고 무거운 텐트를 사용하지 않고 침낭과 매트리스만을 이용해 야외에서 숙박하는 것을 말한다. 단어의 뜻을 알고 나니 비박의 '박'이 숙박의 '박泊'과 같은 글자로 보일 것이다. 하지만 비박은 우리말이 아니라, 프랑스어에서 유래한 영어다.

영어로 비박은 bivouac으로 표기한다. 정확한 발음은 '비부악'인데 우리는 '비박'이라고 발음한다. 이 말은 어디서 왔을까? 비박이 처음 영어로 유입된 것은 17세기다. 야간경계병을 일컫는 군대 용어로 사용되었다. 어원을 따라가 보면 알자스 지방의 방언인 biwacht에 이르는데, bei-는 '이중의'라는 뜻이고 wacht는 '경계병'이라는 뜻이니 이중으로 철저히 경계를 선다는 의미다. 이후 비박은 군대에서 야영을 한다는 의미로 확대되었고, 19세기 초에 나폴레옹 전쟁을 계기로 영어에서의 용례가 정착되었다고 한다.

나폴레옹 전쟁

나폴레옹은 유럽의 여러 국가들과 거의 60번이나 되는 싸움을 벌였다. 이 모든 싸움을 통틀어 나폴레옹 전쟁으로 부른다. 처음에는 방어를 위한 전쟁이었으나 점차 다른 나라를 침략하는 것으로 목표가 바뀌면서, 도리어 반反나폴레옹 감정을 만들어냈고 각국에 애국주의 운동을 불러왔다.

TIP

비박 이야기가 나온 김에 캠핑camping에 관해서도 이야기해보자. 본래 캠핑이란 말은 camp에서 나왔는데, 영어 사전에는 야영지 또는 텐트라고 나와 있다. camp는 16세기에 프랑스어에서 영어로 들어간 말로, 들판이라는 뜻의 라틴어 campus에서 나왔다. 대학의 교정을 캠퍼스라고 부르는 이유를 알 수 있을 것 같다. 영어의 캠퍼스를 한자로 옮기면 교정校庭인데 풀이하면 학교의 뜰이 되므로, 캠퍼스의 의미를 제대로 옮긴 것이다.

프랑스어의 camp는 이후 발음과 형태가 변해 champ이 된다. 앞에서 토너먼트 경기에 참가한 기사를 champion이라고 했는데 pion은 보병을 의미하므로 champion은 들판의 보병이라는 뜻이다. 참고로 체스에서 장기의 졸卒에 해당하는 말을 pion이라고 부른다.

좋다는 말이 사실은
좋지 않다는 뜻이라고?

DAY
4

오늘의 단어 **좋다nice**

＊＊＊＊＊＊＊＊＊＊＊＊＊＊＊＊＊＊＊＊＊＊＊＊＊＊＊＊＊＊＊＊＊＊＊＊＊＊＊

소설 《위대한 개츠비》에는 다음과 같은 문장이 나
온다. "She was the first 'nice' girl he had ever known."
이 문장에서 'nice girl'은 멋진 여자쯤으로 번역하
면 될 것이다. 전체 뜻은 "그녀는 그가 처음으로 알
게 된 '멋진 여자'였다."가 된다.

《위대한 개츠비》The Great Gatsby
F. 스콧 피츠제럴드 F. Scott Fitzgerald가 쓴 소
설로, 1920년대 미국의 변질된 부와 사랑
의 문제를 드러내고 있다. 1920년대는 재즈
와 춤, 술로 요약될 수 있는 시대이며, 대공
황이 시작되기 바로 전이다. 피츠제럴드 자
신과 아내의 이야기를 그린 자전소설로 분
류되기도 한다.

　하지만 nice가 좋지 않은 의미로 사용되던 시절이 있었다. 13세기
에서 14세기경, nice에는 '멍청한, 음탕한, 나태한, 남자답지 못한' 등
의 부정적인 의미가 있었던 것이다. 이 단어는 중세 프랑스어의 nice
에서 유래했는데, 이때의 의미는 '멍청한'이었다. 라틴어의 nescius, 즉
ne(영어의 not)과 scire(알다)가 합쳐진 말에서 온 것이다. Scius는 과학
을 의미하는 science와 부모가 같다.

　형용사 nice처럼 의미의 스펙트럼이 넓어진 어휘도 드물 듯하다.
원래와는 정반대 의미를 가지는 단어로 탈바꿈한 것이니 말이다. 실
제로 nice의 의미는 시대별로 상이했으므로, 피츠제럴드가 《위대한
개츠비》에서 사용한 nice의 의미도 정확히 파악할 수 없지 않을까.

　시대가 흘러감에 따라 nice의 의미가 달라지는 과정은 아래와 같다.

14세기: timid(소심한)

14세기 후반: fussy(까다로운), fastidious(꼼꼼한)

15세기: dainty(앙증맞은), delicate(연약한)

16세기: precious(소중한), careful(주의 깊은)

18세기 후반: agreeable(기분 좋은), delightful(마음에 드는)

19세기 중반: kind(친절한), thoughtful(사려 깊은)

한편 프랑스에는 니스Nice라는 도시가 있다. 니스는 과연 nice한 도시일까? 고대에 지중해의 주인은 그리스인이었다. 물론 그리스인 이전에는 페니키아인들이 해상 무역을 독점하며 지중해의 패권을 차지한 적도 있었다. 지중해를 장악한 고대 그리스인들은 남프랑스 까지 진출하고 곳곳에 식민 도시를 건설했다. 프랑스 제3의 도시 마르세유Marseille도 그리스인들이 건설한 도시로, 그리스어 Massalía에서 이름을 따왔다.

니스는 그리스 신화에 등장하는 승리의 여신 니케Nike의 이름을 따온 것이다. 니케 여신에게는 날개가 있었는데, 지혜와 전쟁의 여신 아테나와 함께 전장을 날아 다니며 승리를 선물했다고 한다. 로마 신화에 나오는 승리의 여신 빅토리아Victoria와 같은 신이다. 이렇게 수천 년 전에 이미 그리스인들이 니스에 좋은 이름을 붙여준 것이다.

그리고 2,000년이 흐른 뒤, 미국의 한 스포츠 의류 회사가 승리의 여신 니케의 이름을 신발에 붙였다. 스포츠의 궁극적인 목표는 승리가 아닌가? 이 회사가 바로 나이키Nike다.

루브르 박물관에 있는 니케. 밀로의 비너스 여신은 팔이 없는데 이 여신은 머리가 없다. 승리의 여신은 과연 어떤 얼굴을 하고 있었을까?

DAY 5

남자는 무기를 가진 사람, 여자는 실을 잣는 사람?

오늘의 단어 **남자man, 여자woman**

인구어족

인도유럽어족 또는 인도게르만어족이라고
도 부른다. 이름대로 인도와 유럽 권역에서
사용되던 언어를 말하며, 지금 유럽에서 쓰
는 언어의 대부분이 여기 포함된다. 로망스
어, 게르만어, 켈트어, 그리스어, 슬라브어
등이 속한다. 한국어는 알타이어 계통에 속
한다.

고대 영어에서 wer와 were는 남자 또는 남편을 의
미하는 말이었다.* 이 말은 서양인들의 조상인 인
구어족의 언어 wiros에서 나왔는데, 라틴어로 남자
를 의미하는 vir도 여기서 파생되었다. 하지만 고대
영어의 wer는 살아남지 못했다. 늑대인간이라는 의미의 werewolf와
world라는 단어에만 희미하게 남아 있을 뿐이다. 현대 영어에서 '세
계'를 뜻하는 world는 사람을 의미하는 wer와 나이를 의미하는 ild가
결합해 만들어진 말이다. 다시 말하면 '인간의 나이'라는 뜻이다.

그러면 언제부터 man이 wer를 대체하게 되었을까? 고대 영어에는
wæpman 혹은 wapman이라는 단어가 있었는데, 이는 무기를 의미하
는 wæpn과 man으로 이루어진 단어이다. 게르만어에서 man은 현대
영어에서처럼 남자와 사람, 2가지의 뜻이 있었다. 그러나 고대 영어
에서는 사람이라는 의미로 더 많이 사용되었다. 이 단어를 직역하
면 '무기를 가진 사람'이라는 뜻인데, 여기에서 무기는 칼이나 창이
아니라 남근을 상징한다. 이후 wæpman은 빈번하게 사용되어 마침

---

* Craig M. Carver, 《A history of English in its own words》(New York: HarperCollinsPublishers, 1991), 20.

내 wer를 밀어내고 '남자'의 의미를 갖는 단어 자리에 정착한다.

여성이라는 단어의 역사는 어떨까? 흔히 woman의 어원이 '자궁을 가진 인간(womb+man)'이라고 설명하기도 하고, 고민을 의미하는 woe와 man의 합성어라고 설명하기도 한다. 하지만 이런 설명은 어원적 측면에서 수긍하기 어렵다.

가장 설득력 있는 설명은 아내를 의미하는 wif와 사람을 의미하는 man의 합성어라는 것이다. 본래 wif는 wifan에서 나온 말인데 '천을 짜다'라는 뜻이다. 당시 실을 잣고 옷감을 짜던 여성의 역할을 잘 말해주고 있다.

라틴어에서 인간을 의미할 때는 homo라는 다른 단어를 썼다. 현생 인류의 조상인 호모 사피엔스Homo sapiens는 '현명한 인간'이라는 뜻이다. 이렇게 homo를 사용해 인간의 유형을 다양하게 분류한 학명들이 있다. 자신이 어떤 유형의 사람인지 한번 생각해보자.

· 호모 폴리티쿠스Homo politicus: 정치적 인간
· 호모 루덴스Homo ludens: 놀이 하는 인간
· 호모 파베르Homo faber: 도구를 만드는 인간, 노동자
· 호모 에코노미쿠스Homo economicus: 합리적으로 자신의 이익을 추구하는 인간
· 호모 듀플렉스Homo duplex: 이중적 인간
· 호모 에로스Homo eros: 성애적 인간
· 호모 로퀜스Homo loquens: 언어를 사용하는 인간
· 호모 소키우스Homo socius: 사회적 인간
· 호모 모빌리쿠스Homo mobilicus: 모바일 시대에 사는 인간

남편은 집 지키는 사람이다?

영어로 남편이라는 뜻을 가진 단어는 husband다. 이 말을 음절로 나뉘보면 hus와 band인데, hus는 집을 가리키고 band는 고대 노르웨이어로 주인이라는 의미다. 즉 husband의 어원적 의미는 집주인인 것이다.

집이라는 의미의 hus는 1066년 노르만족이 잉글랜드를 정복한 이후에 프랑스식 철자로 바뀌면서 house가 되었다. 프랑스어에서는 u를 ou로 표기했기 때문이다. 영어라는 고유어의 단어가 외국어인 프랑스어에 의해 철자까지 바뀐 것이다. 우리말의 고유어들이 한자어에 의해 사라지거나 바뀐 경우와 유사하다.

11세기 만들어진 〈바이외 태피스트리Bayeux Tapestry〉

앞의 그림은 1066년에 헤이스팅스Hastings라는 잉글랜드 남부 지역에서 노르망디 공 윌리엄William의 노르만족 군대와 잉글랜드 군대가 싸우는 장면이다. 흔히 헤이스팅스 전투라고 불린다. 이 태피스트리에는 기병 중심의 노르만 군(그림 양 끝)과 보병 중심의 잉글랜드 군(중앙)의 전투가 자수로 표현되어 있는데, 자세히 보면 잉글랜드의 군인들은 도끼를 들고 노르만 기사들과 맞서고 있다.

도끼를 든 잉글랜드 보병들은 huscarl이라고 불렸는데, 역시 집이라는 의미의 hus와 장정이라는 뜻을 가진 carl의 합성어이다. 즉 '집안의 장정'이라는 뜻이다. 게르만 계열 남자들의 이름에서 흔히 볼 수 있는 Karl(칼), 그리고 프랑스 남자들 이름에서 볼 수 있는 Charles(샤를)이 바로 carl에서 나왔다. 남자라는 의미를 부여해주는 이름이다.

Husband와 유사한 의미를 가진 단어로, 남자 이름으로 흔히 쓰이는 Henry(영어로는 헨리, 프랑스어로는 앙리라고 읽는다)를 들 수 있다. Henry는 독일어 Heinrich에서 왔다. 아마 유럽 중세사에 등장하는 왕이나 교황들 중 자주 보았을 '하인리히'라는 이름을 이렇게 쓴다. Heinrich는 독일어로 집을 뜻하는 heim(영어의 home)과 왕을 뜻하는 rich의 합성어이다. 영어로 부유하다는 의미의 rich가 이 말에서 나왔다. 즉 Henry도 husband처럼 집안의 왕, 가장家長이라는 뜻이다. 전혀 공통점이 없어 보이던 말들도 각각의 뿌리를 따라가다 보면 한곳에서 모이는 경우가 종종 있는데, 그럴 때마다 신기할 따름이다.

헤이스팅스에서 승리를 거둔 윌리엄은 그해 크리스마스에 잉글랜드의 왕위에 오른다. 앵글로색슨 왕조가 종말을 고하고 프랑스 계통의 노르만 왕조가 들어선 것이다. 이후 잉글랜드의 왕들은 Henry, Richard와 같은 프랑스식 이름을 사용한다. 그러다가 에드워드 1세 Edward I에 와서 다시 영어식 이름이 등장한다. 고대 영어에서 ed는 '부' 혹은 '번영'을 의미하고 ward는 현대 영어의 warden처럼 '관리인, 수호자'를 의미한다.

그런데 사실 에드워드 1세의 가계도를 거슬러 올라가면 그는 프랑스 계열이다. 에드워드 1세는 왜 영어식 이름을 고집했던 것일까? 브리튼섬의 주인인 앵글로색슨족과 하나가 되고 싶었기 때문이다. 비록 자신은 프랑스 계통이지만, 왕국의 대다수를 차지하는 앵글로색슨족에게도 왕이 되고 싶었던 것이다.

아침은 노동자들만 먹는 것?

오늘의 단어 **아침 식사breakfast**

★★★

고대 영어에서 아침 식사를 의미하는 단어는 undernmete 또는 morgenmete였다. undernmete의 undern은 고대 영어에서 아침을 의미했는데, 대체로 오전 9시를 가리켰다. mete는 현대 영어와 비슷하게 고기를 의미한다. 즉 undernmete는 아침에 먹는 고기다. Morgenmete는 현대 영어로 morning meal이다. 점심 식사를 뜻하는 lunch, 오찬을 의미하는 luncheon도 영어에서 유래했다는 설이 유력하다. 그런데 저녁 식사를 의미하는 dinner와 supper는 프랑스어의 dîner와 souper에서 왔다. 왜 아침과 점심은 영어, 저녁은 프랑스어에서 들어왔을까?

다시 중세로 가보자. 앞에서 본 것처럼, 1066년 영국에는 프랑스 계통의 노르만 왕조가 들어섰다. 왕족과 귀족은 모두 프랑스에서 건너온 사람들이었으며, 자신들의 모국어인 프랑스어를 사용했다. 당시 귀족들의 생활을 그려보자. 매일 밤 벌어지는 연회는 귀족들만의 특권이었을 것이다. 아마 귀족들은 저녁을 오랫동안 먹으며 밤늦게까지 술과 음식을 즐겼을 것이다.

자, 어느 백작이 밤새 파티를 하며 먹고 마신 뒤 늦은 시간에 잠자리에 들었다고 하자. 그는 일찍 일어나서 아침식사를 해야겠다는 생각을 할까? 십중팔구 아침 식사는 건너뛸 것이다. 언어는 필요에 의해 만들어지지만, 반대로 필요가 없으면 생략되거나 아예 생겨나지 않는다.

그러나 앵글로색슨족은 새벽부터 일어나 들에 나갈 준비를 해야 했다. 그들에게 아침과 점심은 하루의 노동을 위한 에너지를 제공하는 아주 중요한 식사였을 것이다. 그런 이유로 아침과 점심은 영어에서, 반대로 저녁은 프랑스어에서 만들어진 것이다. 또 하나 흥미로운 사실은 영어로 아침 식사를 의미하는 breakfast의 구조(밤사이 이어진 단식fast을 깨다break)가 프랑스어로 점심 식사를 의미하는 déjeuner의 구조(단식jeûner을 깨다dé)와 동일하다는 점이다.

중세 시대에 식도락은 제후를 비롯한 귀족들만의 전유물이었다. 일반 농민들은 맛보다 끼니를 해결하는 것이 급선무였지만, 귀족들은 온갖 향신료로 요리한 음식을 즐겼다. 튀기다fry(프랑스어로 frire), 뭉근히 끓이다stew(étuver), 삶다boil(bouillir), 굽다roast(rôtir) 등 음식을 조리하는 방법에 관한 동사들이 대부분 프랑스어에서 유래했고, 샐러드salad(salade), 과일fruit(fruit), 건포도raisin(raisin), 양념spice(épice), 후추pepper(poivre), 겨자mustard(moutarde), 식초vinegar(vinaigre)처럼 양념이나 식재료를 일컫는 단어들도 프랑스어에서 온 것을 보면 당시 먹는 자와 요리하는 자가 확연히 구분되어 있었음을 알 수 있다.

왼쪽은 미국, 오른쪽은 프랑스의 아침 식사. 아침을 든든히 먹는 쪽은 역시 앵글로색슨족이다.

블루투스는 이가 파란 사람이 만들었다고?

오늘의 단어 **블루투스Bluetooth**

★★★

지금은 스마트폰의 시대라고 해도 과언이 아니다. 스마트폰뿐만 아니라 컴퓨터를 이용할 때 없어서는 안 될 중요한 통신 방식이 '블루투스'다. 선이 없이도 자유자재로 기기끼리 연결할 수 있게 된 것이다. 그런데 왜 하필 이름이 파란 이, 블루투스일까? 역사의 미로를 따라가 보자.

지금으로부터 1,000년도 더 된 이야기다. 10세기경 북유럽의 덴마크 왕국을 다스리던 왕이 있었다. 역사서에서는 그를 하랄드 1세 Harald I라고 부른다. 유럽에서는 왕에게 별명을 붙이는 일이 흔했다. 프랑스 왕에게 '미남 왕', '비만 왕', '장검 공' 등의 별명이 붙어 있는 것을 본 적이 있을 것이다. 하랄드 1세의 별명은 '파란 이'였다. 왜냐하면 하랄드 1세는 블루베리를 무척 좋아해서, 입술과 이가 항상 파랗게 물이 들어 있었기 때문이다.

덴마크의 왕 '파란 이' 하랄드 1세의 모습. 좀 더 활짝 웃었더라면 파랗게 물든 이가 잘 보였을 텐데.

그는 덴마크의 여러 부족을 통합하고, 노르웨이를 병합해 통일제국을 탄생시킨 군주다. 그런데 왜 하필 컴퓨터와 스마트폰의 통신 규약에 하랄드의 별명을 붙이게 되었을까?

1996년 인텔사의 엔지니어 중에 짐 카닥Jim Kardach이라는 사람이 있었다. 그는 컴퓨터와 휴대폰을 이어주는 통신 규약의 명칭으로 블루투스란 단어를 최초로 제안한 사람이다. 푸른 이 하랄드 1세가 덴마크와 노르웨이를 통합한 것처럼, 컴퓨터와 핸드폰을 이어주는 통신 규약에도 그의 별명이 어울릴 것이라 생각했다고 한다.

Bluetooth

왼쪽은 블루투스 기기를 나타내는 로고다. 지금은 누구든 이 로고를 보면 자연스럽게 블루투스를 떠올리지만, 로고가 왜 저런 모양인지 생각해본 적은 없을 것이다.

덴마크인의 조상인 바이킹은 자신들만의 문자를 사용하고 있었다. 로마 알파벳을 차용해 그들이 만들어낸 독특한 문자를 룬 문자Runes라고 불렀다. 하랄드 1세의 이름을 덴마크어로 적으면 Harald Blåtand인데(역시 '파란 이 하랄드'라는 뜻이다), 이것의 머릿글자만 룬 문자로 적으면 ᚼ와 ᛒ이다. 즉, 블루투스의 로고는 룬 문자 2개를 합성해서 만든 것이다.

1300년경 룬 문자로 기록된 스칸디나비아 법조문. 블루투스 로고의 기초가 된 ᚼ와 ᛒ가 보인다.

프랑스와 잉글랜드가 야만족이라고 홀대하던 바이킹의 촌스러운 룬 문자가 최첨단 스마트폰의 통신 규약에 자리를 잡다니. 세상은 돌고 돌기 마련이다.

스위트룸은 정말 달콤한 방일까?

오늘의 단어 **스위트룸suite room**

✦✦✦

제임스는 뉴욕에서 잘나가는 변호사다. 그의 명성이 미국 서부까지 알려지는 바람에, 이번에는 로스앤젤레스까지 출장을 가서 소송을 맡게 되었다. 비행기를 타고 로스앤젤레스에 도착한 제임스는 고급 호텔의 스위트룸에 짐을 풀고는, 방에서 커피를 한 잔 마시며 내일 진행될 재판 기록을 살피기 시작했다.

사진 속에 보이는 방은 호텔의 고급 객실인 스위트룸이다. 저 방에서 제임스는 정장을 입고 우아하게 휴식을 취할 것이다. 자, 그럼

이제 스위트룸이라는 단어에 대해 살펴보기로 하자.

먼저 스위트룸은 영어로 suite room이라고 적는다. Sweet room이 아니다. 한편 제임스가 재판 때 입을 정장 1벌은 suit라고 부른다. Suite room과 suit, 어딘가 비슷해 보이는 말들이다.

제임스의 직업은 변호사다. 그러므로 그에게 '소송'을 의미하는 lawsuit는 친숙한 단어다. 소송을 한다는 뜻의 sue라는 동사도 마찬가지다. 끝으로 그가 스위트룸에서 사용한 커피 잔 세트의 set까지 놓고 보면, 모두 앞의 단어들과 비슷해 보인다.

지금까지의 이야기에 등장한 단어들은 모두 프랑스어 동사 suivre 에서 유래했다. 이 동사는 영어로 보자면 follow의 뜻을 가졌는데, 대표적인 뜻으로는 '따라가다'와 '동반하다'가 있다. Suivre의 명사형이 바로 영어에서 자주 보이는 suite다. 프랑스어 suite에는 연속되는 것, 그리고 수행원이라는 뜻이 있다. 1번째 의미는 앞의 영어 단어들 속에서도 공통적으로 나타난다.

Suite room은 거실, 침실 등이 연이어 배열된 방을 말한다. 남성의 정장을 의미하는 suit도 마찬가지다. 상의와 하의를 1벌로 입는 옷이기 때문이다. '소송을 하다'라는 뜻을 가진 sue의 경우, 원고가 피고를 법에 의거해서 따라가거나 추적하는 행위를 말한다. Set도 여러 가

오른쪽이 슈트를 입은 찰
스 2세. 무릎까지 내려오
는 긴 상의 속에 조끼를 입
었다.

지가 하나로 모인 것을 의미한다는 점에서 일맥상통한다.

덧붙이자면, 지금과 같은 형태의 남성 정장은 영국의 찰스 2세
Charles II가 처음으로 입었다고 전해진다. 찰스 2세는 크롬웰의 공화파
에 패한 후 프랑스에서 망명 시절을 보냈다. 귀국해서 왕위에 오를
때 그는 비단으로 만든 사치스러운 프랑스 풍 남성복 대신에 영국
양모로 짠 옷을 입었다고 한다. 그가 입었던 옷은 조끼와 상의, 무릎
까지 내려오는 바지로 구성되어 있었는데, 이 3가지 옷이 지금 우리
가 말하는 suit의 뿌리가 되었다.

찰스 2세(1630~1685)
찰스 2세는 의회와의 마찰 끝에 사형대에서
처형된 찰스 1세의 아들이다. 10년에 가까
운 망명 생활을 겪다가 1660년 왕정복고를
통해 다시 영국의 왕위에 올랐다. 흑사병과
전쟁, 종교 갈등 등의 위기가 많았으나 의회
와 균형을 이루며 국정을 안정적으로 운영
했다.

TIP

DAY 10

모기지론은 사실 고리대금이었다?

오늘의 단어 **모기지론mortgage loan**

주택 담보 대출이라고 잘 알려진 '모기지론'은 영어로 mortgage loan 이라고 쓴다. 여기서 mortgage의 철자가 조금 낯설다. 자음이 3개나 연달아 나와 발음이 어렵다. 이 단어가 이렇게 이상하게 생긴 것은 영어가 아니기 때문이다. 프랑스어로 죽음을 의미하는 mort와 담보 를 뜻하는 gage가 합쳐진 말이다. 영어의 mortal(죽음의)을 생각하면 그 의미가 금방 와 닿을 것이다.

사실 모기지론은 무척 오래된 제도다. 중세 시대에 시작되었다고 볼 수 있다. 당시 유럽의 귀족들에게는 토지가 경제의 기초 단위였 다. 귀족들이 얻을 수 있는 재화는 자신의 영지에서 나오는 수확물 과 세금이 전부였다. 그러나 토지는 현물만을 생산해내는 데 반해, 귀족들은 현금이 필요한 경우가 많았다. 예를 들어 지금의 중동 지 방인 오리엔트에서 수입되는 사치품을 구입하려면 상당한 금액을 현금으로 지불해야 했다.

가뜩이나 현금이 부족하던 중세 유럽의 제후들 은 또 다른 사건을 맞닥뜨리게 된다. 십자군 원정 이 시작된 것이다. 하지만 전쟁은 신앙심과 명분만 으로는 할 수 없다. 제후들은 원정에 참여하기 위

봉건 제도
중세의 봉건 제도는 주군이 봉신에게 영지 를 분배해주고 봉신의 세력과 영지에서 나 오는 세금을 징수할 권리를 인정해주는 제 도다. 주군과 봉신은 서로 신의 성실을 지키 겠다는 맹세로 맺어져 있었고, 주군이 요청 하면 봉신은 군대를 끌고 전쟁에 참가해야 했다.

TIP

해 자신들의 영지를 돈 많은 대제후에게 담보로 맡기고 현금을 빌렸다. 본격적인 모기지론의 시대가 이미 11세기에 열린 것이다.

관례적으로 mortgage라고 불렸던 이 탐욕스러운 고리대금은 수도원의 동의하에 이루어지는 대표적인 돈벌이 수단이었다. 고리대금의 확정 이율은 10~15퍼센트였는데, 단기간에 원금을 상환하는 것은 원천적으로 배제되었다. 최소 15년에서 20년씩 이자를 물어야 하는 경우가 빈번했고, 짧아야 2년에서 10년이었다. 그 이하는 존재하지도 않았다.

당시 토지를 담보로 설정하고 빌리는 돈의 총액은 토지 가치의 3분의 2를 넘을 수 없었다. 차용자는 대개 제후나 부유한 사람들이었는데, 가난한 사람들은 토지가 없었기 때문이다. 지금은 모기지론의 이율이 낮아 그나마 다행이라고 할까?

DAY 11 카니발은 고기 먹는 날이래!

카니발은 사육제謝肉祭라고도 하는데, 직역하면 '고기에 감사하는 축제'라고 할 수 있다. 라틴어의 carne vale(고기여, 그만!) 또는 carnem levare(고기를 먹지 않다)가 어원이다. 카니발과 관련된 키워드는 크게 2가지로 분류할 수 있다. 하나는 고기, 나머지 하나는 숫자 40이다.

인간은 육식을 즐기는 종족이다. 고기를 많이 먹으면 흥분을 잘하고 격정적인 성격으로 변한다고도 하지만, 고기를 싫어하는 사람은 별로 없을 것이다. 그래도 때로는 종교적 제약에 의해 육식을 금하는 경우가 있다. 카니발은 이런 배경에서 생겨난 풍습이다.

초기 기독교는 로마인들의 농신제를 카니발로 변경해 수용했다. 그리고 예수가 부활하기 40일 전을 그 출발점으로 삼았다. 기독교에서 말하는 사순절四旬節에 숫자 40이 들어간 이유다. 40이라는 숫자는 고대 메소포타미아 시대부터 정결의 수였다.

하지만 천성적으로 고기를 좋아하는 인간들에게 무작정 40일 동안 금육을 지키라고 강요하는 것은 무리였다. 그래서 교회는 사순절이 시작하기 전날을 '마음껏 고기 먹고 술 마시는 날'로 정했다. 이 날은 성스러운 사순 기간이 시작되기 전이므로 방탕에 가깝게 술

사순절
사순절은 기독교에서 부활절이 오기 전 40일 동안의 기간을 말한다. 이 관습은 4세기경부터 시작되었으며, 예수가 40일 동안 황야에서 사탄의 유혹을 견디며 금식한 것을 기념하면서 생겨났다. 하지만 지금은 완전금식하는 것은 아니고, 작게나마 개인적으로 예수의 고난을 나누는 정도로 행해지고 있다.

TIP

을 마시고 고기를 먹을 수 있었다.

카니발은 독일이나 북유럽 같은 프로테스탄트 국가에서는 별로 찾아볼 수 없지만, 프랑스를 비롯한 가톨릭 국가에서는 매우 큰 종교적 축제다. 비록 상업적으로 변질되긴 했어도 브라질의 카니발은 전 세계적으로 유명하다. 카니발의 날짜는 해마다 바뀌는데, 그 이유는 부활절이 '매년 춘분 이후 첫 보름이 지나고 나서 돌아오는 일요일'이기 때문이다. 즉 부활절은 음력을 따르고 있으므로 해마다 바뀌게 된다. 사순절은 부활절의 40일 전에 시작하므로 마찬가지로 바뀔 수밖에 없다(숫자 40에 관해서는 6장에서 자세히 설명하겠다).

한 해가 시작하는 날을 언제로 보는지에 대한 문제도 있었다. 11세기부터는 더 이상 로마처럼 1월 1일이나 3월 1일을 새해로 보지 않게 되었다. 성탄절인 12월 25일이나, 성모 마리아가 예수를 잉태할 것이라는 고지를 받았다는 3월 25일을 새해로 보기도 했다.

기독교에서 가장 큰 축제인 부활절을 새해로 정하기도 했는데, 이

대 피터르 브뤼헐Pieter Bruegel the Elder의 〈사육제와 사순절의 싸움The Fight Between Carnival and Lent〉.

경우 부활절이 매년 일정한 날짜가 아니라는 점이 문제가 되었다. 부활절이 3월 말에서 4월 초 사이에 주로 위치했으므로 한 해가 11개월일 때도 있었고 13개월일 때도 있었다.

예를 들어 1252년에는 부활절이 3월 31일이었다. 그런데 그다음 해인 1253년에는 4월 20일이었다. 그래서 1253년 3월 31일부터 4월 20일에 해당하는 20일은 1252년에 해당한다는 법령이 공포되었는데, 결국 이 20일은 2번 존재했던 셈이다.*

이처럼 서유럽에서는 같은 종교를 믿고 유사한 의식 구조를 가진 사람들이 살고 있었지만, 오랫동안 서로 다른 역법이 공존하고 있기도 했다. 예를 들어 베네치아의 새해는 3월 1일이었고 피렌체와 노르만 왕조의 잉글랜드는 3월 25일, 교황령은 12월 25일이었다. 프랑스는 12세기부터 부활절을 새해로 정했고 스페인은 예수 탄생 38년 전을 서력기원으로 삼았는데, 이렇듯 나라마다 역법의 기준이 차이가 났다는 사실은 당시 사람들이 시간에 대해 무관심했음을 반증하는 예라고 할 수 있다.

* 로베르 들로르 지음, 김동섭 옮김, 《서양중세의 삶과 생활》(새미, 1999), 72.

손수건은 코만 푸는 천이었다?

DAY 12

오늘의 단어 **손수건handkerchief**

✦✦✦✦✦✦✦✦✦✦✦✦✦✦✦✦✦✦✦✦✦✦✦✦✦✦✦✦✦✦✦✦✦✦✦✦✦✦

유럽에서 식사를 할 때, 코를 푸는 것은 괜찮지만 재채기하는 것은 실례다. 한국과는 정반대다. 프랑스에서 유학할 때 나를 놀라게 했던 것 중 하나가, 사람들이 장소를 가리지 않고 코를 푸는 모습이었다. 손수건은 프랑스어로 mouchoir라고 하는데, 이 말은 moucher라는 단어에서 만들어졌다. 코를 푼다는 뜻의 동사다.

이 단어는 다시 라틴어 muccus에서 나왔는데, 몸에서 나오는 점액을 의미하는 단어였다. 손수건의 용도가 코를 풀거나 땀을 닦는 것이었다는 사실을 알 수 있다. 심지어 이탈리아어에는 2종류의 손수건이 있다. Fazzoletto는 코를 풀거나 스카프를 대신하는 용도로 사용되는 천이고, pazzuella는 그 이외의 모든 용도에 사용된다.

목에 두른 멋진 하얀 스카프는 알고 보면 손수건이다. 급하게 코를 풀어야 할 때 끌러서 사용하면 된다. 영어로는 collar handkerchief라고 부른다.

그런데 유럽인들이 지금처럼 우아하게 코를 풀게 된 지는 얼마 되지 않았다. 16세기 르네상스를 대표하는 인문주의자 에라스뮈스Desiderius Erasmus는《유치한 풍속 예절De civilitate morum puerilium》에서 당시 유럽인들이 코를 푸는 예절에 대해 언급한 바 있다. 그는 헝겊으로 된 모자나 옷으로 코를 푸는 것은 촌스러운 시골 아낙네나 하는 짓이라고 보았다. 또한 손으로 코를 풀고 나서 물로 그 손을 씻어내는 것도 불결하기는 마찬가지니 손수건을 사용하는 것이 예의바른 행동이며, 혹시 지체가 높은 사람과 함께 있다면 그 사람을 등진 방향으로 몸을 돌려 코를 풀어야 한다고 말했다.

영어에서 손수건의 이름은 프랑스어에서보다 품위가 있다. 손수건이라는 뜻의 handkerchief는 16세기에 등장하는데, hand와 kerchief의 합성어이다. 그리고 kerchief는 다시 옛날 프랑스어 'kerf(덮다)'와 'chief(머리)'로 이루어진 단어다. 주로 여성의 머리를 덮던 천이라는 뜻이다. 여기서 chief에는 머리뿐만 아니라 우두머리의 뜻도 있는데, 현대 프랑스어 chef의 고어형이다.

흥미로운 사실 하나는, 18세기에 확인된 기록에 따르면 영어 사용권의 여성들은 남성을 유혹할 때 떨어뜨리는 도구로 손수건을 사용했다고 한다. 프랑스의 '코를 푸는 천'과는 그야말로 차원이 다른 용도다.

19세기 러시아의 사실주의 화가 알렉세이 베네트시아노프Alexey Venetsianov가 그린 〈숄을 두른 소녀 Girl in Shawl〉.

트로피가 원래는 전리품이었다고?

DAY 13

오늘의 단어 **트로피trophy**

✦✦

영화제나 콩쿠르를 비롯한 각종 대회의 공통점은 입상자에게 수여
되는 트로피가 있다는 것이다. 영어 사전에서 트로피를 찾아보면 우
승컵 혹은 그대로 트로피라고 나온다. 그런데 조금 더 내려가면 전
리품이라는 설명도 나온다. 트로피에 왜 전리품이라는 뜻도 들어가
있을까? 다시 시간을 거슬러 올라가보자.

고대 그리스 사람들은 전쟁에서 승리를 하면 이것을 기념하기 위
해 전쟁터에 트로파이온tropaion이라는 것을 만들었다. 트로파이온은
적들을 섬멸한 장소에 적들의 갑옷과 투구, 그리고 방
패들을 쌓아서 만들어졌고, 새로운 승리를 거두기 전
까지 그대로 유지되었다고 한다. 훗날 트로파이온은
신전에도 세워져, 군인들이 전쟁에 나가기 전에 트로
파이온 앞에서 맹세를 하고 출정했다고 한다.

그리스 문명을 거의 다 벤치마킹했던 로마인들이
이런 훌륭한 전통을 놓쳤을 리가 없다. 그들은 트로파
이온을 트로파이움trophaeum이라는 이름으로 살짝 바
꾸고 그 방법도 일부 수정했다. 그리스인들이 트로파
이온을 승리를 거둔 전쟁터에 세워놓았던 것과는 다르

나무에 적장의 투구와 갑
옷을 걸쳐놓고 주위에는
방패를 쌓아놓았다. 오늘
날 우리들이 텔레비전에
서 자주 보는 트로피의 원
형인 셈이다.

게, 로마인들은 로마 시내에 설치했다. 로마와 멀리 떨어진 곳에 승전 기념물을 설치하는 것은 승리를 거둔 장군의 명성에 크게 도움이 되지 않는다고 여겼던 것 같다. 특히 원로원 선거가 있을 경우, 트로파이움의 정치적 선전 효과는 최고였을 것이다. 로마인들은 역시 실용적이다.

왼쪽의 돌기둥도 트로파이움이다. 로마의 트라야누스 황제Traianus가 지금의 루마니아 지방을 정복한 기념으로 세운 대리석 기둥인데, 서기 106년에서 113년까지 약 7년 동안 제작되었다고 한다. 기둥의 직경은 3.7미터, 높이는 29.77미터로, 로마 단위로 하면 대략 100척尺에 상당하는 높이다. 그래서 columna centenaria, 즉 '100척 기둥'이라고도 불렸다.

기둥 표면에는 황제의 업적이 나선형의 장식대를 따라 부조로 표현되어 있다. 등장인물만 해도 약 2,500명이고 장식대를 모두 펼치면 200미터에 달한다. 처음에 이 기둥의 정상에는 트라야누스 황제의 상이 세워져 있었으나 16세기에 사도 베드로의 상으로 바뀌었다.

파리의 방돔 광장Place Vendôme에는 트라야누스 황제의 원기둥과 모양이 똑같은 청동 기둥이 있다(47페이지 왼쪽 그림). 트로파이움은 중세 시대부터 바로크 시대(5세기~18세기)까지는 거의 세워지지 않다가, 신고전주의의 도래와 함께 부활했다. 이 청동 기둥의 꼭대기에는 나폴레옹 상이 있는데, 1805년 나폴레옹 황제가 러시아와 오스트

리아의 연합군을 지금의 체코 지방에서 격파한 뒤 전투에서 노획한
1,200개의 대포를 녹여 이 기둥을 만들었다고 한다.

그러나 신고전주의의 부활에 따른 '원기둥 만들기 대회'는 결국
영국의 승리로 끝난다. 오른쪽 그림은 런던에 있는 트래펄가 광장
Trafalgar Square의 돌기둥이다. 1805년 트라팔가르 해전에서 프랑스와 스
페인의 연합 함대를 격파하고 나폴레옹을 왕좌에서 끌어내린 영국
의 넬슨Horatio Nelson 제독이 광장을 굽어보고 있다. 이 기둥 옆에는 수
탉 동상이 서 있는데, 프랑스를 상징하는 것이다. 파리 방돔 광장에
고고하게 서 있던 나폴레옹이 런던에서는 초라한
수탉으로 변신해 있다.

트라팔가르 해전 Battle of Trafalgar
나폴레옹 전쟁 중, 1805년에 영국 해군이
프랑스 함대를 상대로 승리를 거둔 전투다.
영국 해군은 숙련도와 사기가 높았지만 프
랑스는 스페인과 연합한 상태인 데다 우왕
좌왕하고 전투력도 부실했다고 한다. 결국
영국 측은 1대의 함대도 잃지 않고 대승을
거두었고, 나폴레옹이 몰락하는 계기를 만
들었다.

TIP

왜 구조 신호를 보낼 때
5월 1일을 외칠까?

오늘의 단어 **메이데이Mayday**

✦✦✦✦✦✦✦✦✦✦✦✦✦✦✦✦✦✦✦✦✦✦✦✦✦✦✦✦✦✦✦✦✦✦✦✦✦✦✦

재난 영화를 보면, 배가 표류할 때 기관실에서 선장이 마이크를 붙
잡고 다급하게 무선 신호를 보내는 장면을 볼 수 있다.

　　"메이데이! 메이데이! 메이데이!"

　영어를 잘 알아듣지 못하더라도 선장이 "메이데이!"라고 외치는
것을 들었을 것이다. 메이데이Mayday는 노동절인 5월 1일이 아닌가?
왜 선장은 하필 "5월 1일!"이라고 절박한 구조 신호를 보내고 있을
까? 이 신호의 의미가 궁금해진다.

　지금은 런던의 하늘이 히스로Heathrow 공항을 통해서 열린다. 하지
만 1940년대까지는 런던 교외의 크로이던Croydon 공항이 런던의 관문
이었다. 프로펠러 비행기가 사라지고, 긴 활주로가 필요한 제트 비행
기가 등장하면서 크로이던 공항의 운명도 달라진 것이다. 그러나 크
로이던 공항은 항공 역사에 중요한 발자취를 남겼다. 바로 항공 구
조 신호가 이 공항에서 만들어졌기 때문이다.

　당시 크로이던 공항과 가장 왕래가 많은 도시는 프랑스 파리 근
교의 르부르제Le Bourget 공항이었으므로, 크로이던 공항의 주임 무선

기사였던 프레더릭 목포드Frederick S. Mockford는 영국과 프랑스의 관제탑이 쉽게 이해할 수 있도록 프랑스어로 신호를 만들었다. 프랑스어로 "나를 구해주세요!"는 "Venez m'aider!"이고, 이것을 발음하면 "브네 메데!"다. 여기서 '메데'를 영어식으로 '메이데이'라고 읽은 것이다.

이후 1927년 워싱턴에서 국제 무선 전신 회의가 열렸는데, 이 자리에서 재난 구조의 표준 신호를 '메이데이'로 확정하게 된다. 정식 구조 신호는 '메이데이'를 3번 반복하는 것이다. 지금 국제 용어를 만든다면 아마 영어를 쓸 텐데, 당시에는 프랑스어로 만든 것으로 보아 영어의 위상이 지금과는 조금 달랐던 것 같다.

이번에는 비행기를 의미하는 단어를 비교해보자. 영어로 비행기를 의미하는 airplane은 air와 plane으로 이루어져 있다. 단어 plane은 프랑스어 plan에서 왔는데, 평평한 면이나 수평을 의미한다. 계획을 의미하는 영어 단어 plan의 뿌리도 이 단어다. 그런데 영국과 호주에서는 airplane이 아니라 aeroplane을 쓴다. 이 말은 그리스어 aeroplanos에서 왔으며 공중에서 방황한다는 뜻이다. 이후 aeroplanos는 프랑스어로 들어가 '공중을 나는 거대한 기계'라는 뜻으로 확정되었다.

그러나 이제 프랑스어에서 aeroplane은 옛말이 되어버렸다. 지금은 라틴어에서 유래한 avion이라는 말을 사용한다. 라틴어로 새를 의미하는 avis에서 유래한 말이다. 훨씬 직접적으로 의미가 와 닿는 말이라고 할 수 있다. 게다가 보기 좋고, 발음하기 좋은 데다가 라틴어의 묘한 매력까지 있지 않은가?

DAY 15

목숨만은 살려주시오!
부디 자비를!

오늘의 단어 **자비mercy**

1990년대 중반에 개봉한 영화 중 〈브레이브하트Braveheart〉라는 명작이 있다. 영화의 배경은 13세기 말 브리튼섬. 잉글랜드에 용감히 맞서 싸운 스코틀랜드의 영웅 윌리엄 월러스William Wallace의 인생을 그린 영화다.

13세기 말 스코틀랜드 왕이 죽었는데, 왕위를 이을 만한 후계자가 없었다. 그러자 잉글랜드는 스코틀랜드의 왕권을 빼앗기 위해 잔인하고 난폭한 정치를 펼친다. 스코틀랜드 사람들은 잉글랜드인의 손에 잇달아 죽음을 맞았고, 이 과정에서 윌리엄 월러스의 아내도 잔인하게 처형된다.

윌리엄 월러스는 스코틀랜드의 독립을 지키기 위해, 그리고 아내의 죽음에 복수하기 위해 용감하게 싸우지만 결국 잉글랜드의 포로가 되어 어느 광장에서 공개 처형에 처해지는 신세를 맞는다. 그런데 형리刑吏가 포승줄에 묶인 월러스에게 온갖 종류의 고문 기구들을 보여주며 산 채로 창자를 끄집어내겠다는 등의 위협을 가한다. 그리고는 월러스에게 제안한다. 영어로 자비를 뜻하는 'Mercy!' 한 마디만 하면 최소한의 고통 아래

잉글랜드의 역사

잉글랜드는 브리튼섬에서 스코틀랜드와 웨일스를 제외한 영국 지역만을 말한다. 5세기 이후 앵글로색슨족이 들어와 켈트족을 쫓아내고 잉글랜드 땅을 차지했다. 18세기경 잉글랜드, 스코틀랜드, 웨일스, 북아일랜드가 연합한 영국이 생기기 전에는 잉글랜드 왕국이라는 이름으로 독자적으로 운영되었다. 이 책에서는 현대의 연합 왕국을 의미할 경우 '영국'으로, 그 이전의 잉글랜드 지역을 의미할 경우 '잉글랜드'로 나누었다.

TIP

죽게 해주겠다고 말이다.

영웅은 항상 이런 식으로 시험을 받는 법이다. 스코틀랜드의 영
웅이 과연 고통 없이 죽겠다고 자신의 명예를 더럽히면서 '자비'를
구할까? 결국 월러스는 원수들에게 자비를 애걸하는 대신 자유를
외치며 장렬한 죽음을 맞는다. 그의 시신은 죽은 뒤 갈기갈기 찢겨,
머리는 런던브리지에 걸렸고 팔다리는 변방 4군데에 보내졌다. 경고
를 하기 위함이었지만 잉글랜드의 왕이 기대한 만큼의 효과는 나지
않았다.

현대 프랑스어로 '감사'를 뜻하는 merci와 영어의 mercy는 같은 뿌
리에서 나온 말이다. 프랑스어가 영어에 들어가서 자리를 잡은 것이
다. 프랑스인들은 하루에도 수십 번씩 merci라는 단어를 쓰며 감사
의 표현을 하지만, 중세 사회에서 'Merci'는 매우 신중하고 무겁게 해
야 하는 말이었다. 기사가 마상시합을 하거나 결투를 할 때, 싸움에

진 기사가 이긴 기사에게 목숨을 보전해달라고 간청하면서 쓰던 말이었기 때문이다. 쉬운 말로 하면 "제발 목숨만은 살려주시오!"라고 애원을 할 때 사용하던 말이었던 것이다. 이렇게 심각한 상황을 표현하던 말이 지금처럼 일상에서 흔하게 사용되는 말로 변하다니. 언어란 참 신비한 것이다.

귀족은 빵 지키는 사람, 귀부인은 빵 반죽하는 사람?

DAY 16

오늘의 단어 **귀족lord, 귀부인lady**

✦✦

외국 영화나 드라마에서 하인들이 주인을 '로드'라고 부르는 장면을 본 적이 있을 것이다. 여주인은 '레이디'라고 부른다. 또는 종교적인 의미로 신을 언급할 때 '로드'를 사용하기도 한다. 어쨌든 높은 지위에 있는 사람을 지칭하는 말이다.

하지만 8세기경 lord는 식량 창고의 열쇠를 보관하는 사람을 부르는 말이었다. 식량을 쥐고 있었으니 권한이 막강한 사람이라는 점이 비슷하긴 하다. 독일에서는 brotherr라는 단어로 불렸는데, 직역하면 '빵 주인'이라는 의미였다.

트라팔가르 해전에서 나폴레옹의 군대를 물리친 넬슨 제독은 훗날 넬슨 경, 즉 lord가 되었다. 빵을 지키는 사람에서 귀족의 호칭으로 변한 lord의 생명력이 놀랍다.

앵글로색슨 사회에서는 이 사람을 hlafweard 혹은 hlaford라고 불렀다. hlaf는 현대 영어로 빵 덩어리를 의미하는 loaf의 어원이고, weard는 교도소 간수를 의미하는 warder와 같은 뜻이다. 역시 직역하면 '빵 지키는 사람'이라는 뜻이 된다.

hlaf는 아마도 고대 영어인 hlifian(일어나다)에서 왔을 것이다. 빵이 효모에 의해 부풀어 오르는 모습과 관련이 있다. 그리고 hlaford의 의미는 빵을 먹는 하인 혹은 우두머리 하인이라는 뜻으로 확대된다. 1066년 노르만 정복 이후 이 단어는 프랑스어 servant로 대체되지만, 이 단어에서 '-laford'는 살아남아 lord로 바뀌고 제후, 군주, 남편 등의 뜻으로 자리 잡는다. 기독교에서 사용하는 '주님'의 의미는 서기 1000년경 라틴어로 주인을 의미하는 dominus를 lord로 번역하면서 만들어졌다.

귀부인을 말하는 lady 역시 빵과 관련된 의미에서 파생된 단어다. 앞에서 hlaford라는 단어에서 lord가 나온 것처럼 고대 영어 hlafdige라는 단어에서 lady가 파생된 것인데, hlafdige는 빵을 반죽하는 사람이라는 뜻이었다. Lord는 빵을 지키는 사람, lady는 빵을 반죽하는 사람이라는 점이 흥미롭다. 마찬가지로, 스칸디나비아 반도에서는 하인들이 여주인을 matmother라고 불렀다. '식사를 준비하는 어머니'라는 뜻이다. 덴마크에서는 modmother라고 부르기도 했다.

이후 lord가 지체 높은 귀족이라는 뜻으로 업그레이드된 것처럼 lady도 같은 방식으로 의미가 옮겨갔다. 점차 집안 하인들을 관리하는 안주인의 의미가 생겨난 것이다. 심지어는 왕비를 부르는 말로 lady가 쓰이기도 했다.

죽음에 대한 복수를 금지하자는 회의가 있었다고?

오늘의 단어 **물건thing**

✦✦✦✦✦✦✦✦✦✦✦✦✦✦✦✦✦✦✦✦✦✦✦✦✦✦✦✦✦✦✦✦✦✦✦✦✦✦✦

영어에서 자주 사용되는 명사 중에, thing만큼 그 의미가 드라마틱하게 변한 말도 없을 것이다. 사물이나 '~한 것'으로 번역되는 thing의 역사는 멀리 7~8세기 바이킹 시대까지 거슬러 올라간다. Thing은 고대 바이킹 사회에서 '의회'를 의미하던 말이다. 당시 thing이라는 회의에 자유민들만 참석해서 집단의 크고 작은 사건들을 처리했으므로, 의회나 법원 같은 기관이나 마찬가지였다.

　이런 제도가 만들어진 이유는 순전히 바이킹의 관습 때문이었다. 바이킹은 부모가 살해를 당하거나 부상을 입으면 자식들이 부모의 복수를 해야 했는데, 그 결과 복수가 대를 이어 계속 반복되었다. 복수의 굴레가 꼬리를 물고 이어지자 바이킹 지도자들은 사회를 안정시키기 위해 전체 구성원이 참여하는 회의를 만들었다. 이것이 바로 thing의 기원이며, 네덜란드에서는 ding으로 불렸다고 한다.

　스칸디나비아 반도에서 온 바이킹이 브리튼섬의 일부를 지배하던 시기에 thing이 영어에도 들어왔다. 고대 영어에서 thing은 자문회의, 의회, 궁정 등을 의미했다. 그러다 보니 법원이나 궁정에 들어오는 사건이나 소송 등의 의미로도 변하게 되었다. 그러다 말이나

고대 영어
앵글로색슨어로 부르기도 한다. 주로 게르만족이 잉글랜드를 침입한 5세기 이후부터 12세기 정도까지 사용되었던 영어로, 지금의 영어와는 그 형태가 많이 다르다.

네덜란드에 있는 Dinghuis. 영어로 바꾸면 Thinghouse 가 된다. 행정과 사법을 관장했던 관청이다.

발언의 의미로도 사용되었고, 최후에는 전체 또는 물건이라는 의미도 생겨났다.

이런 의미의 변화는 라틴어 causa(법적 소송이라는 뜻)가 프랑스어에서는 사물을 의미하는 chose로 변한 것과 같은 맥락이다. 스페인어와 이탈리아어의 cosa도 같은 의미다. 서양인들이 자주 사용하는 이런 단어들이 옛날에는 아주 공적이고 중요한 의미를 가진 말들이었던 것이다.

복수 시스템뿐만 아니라, 중세 유럽에는 기이한 재판제도도 하나 있었다. 신이 피고의 유죄 여부를 가려준다는 신명재판이다. 경악할 만한 일이지만 피고의 손을 끓는 물에 넣거나 피고에게 뜨겁게 달궈진 쇠를 잡게 하고, 아무런 영향이 없다면 무죄로 판단했다. 또는 피고를 꽁꽁 묶어 물속에 던지고 도끼처럼 가라앉는지 확인하기도 했다. 여기서 물은 순수함의 상징이자 신이 내리는 은총의 상징이었다. 만약 피고인이 유죄라면 다시 물속에 그를 던져 넣었다.*

신명재판은 양면성을 지니고 있었다. 피고는 원고에게 결투를 청할 수도 있었는데, 자신이 무죄라면 신이 결투에서 이기게 해줄 것이라고 믿었던 것이다. 그러나 실제로는 모략을 통해 결투를 대신할 기사를 매수하기도 했다. 결국 중세 봉건 사회에서는 이성적인 증거와 증인이 기사와 신의 판결을 이길 수 없었다. 이런 면에서는 중세 유럽에 태어나지 않았다는 사실에 감사해야 할 것이다.

* 로베르 들로르의 같은 책, 128.

DAY 18 포크는 먹을 수 있는데, 피그는 먹을 수 없다고?

오늘의 단어 **돼지고기pork**

영어에서 기르는 돼지는 pig 또는 swine이지만 우리가 먹는 돼지고 기는 pork다. 소고기의 경우도 마찬가지다. 기르는 소는 cow 또는 ox지만 우리가 먹는 소고기는 beef다. 기르는 양은 sheep, 양고기는 mutton 또는 lamb이다. 송아지는 어떨까? 가축은 calf, 고기는 veal이 다. 왜 영어는 기르는 가축과 그 가축의 고기를 구분해서 말할까? 그 이유를 한 방에 설명해줄 이야기가 있다.

노르망디 출신으로 런던에 정착한 몽포르 백작의 저택에는 앵글로색 슨족의 하인이 많았다. 중세에는 귀족이 유모, 재봉사, 요리사 등 많 은 하인들을 저택에 두고 살았는데, 노르망디 공 윌리엄이 잉글랜드 를 정복한 이후로는 앵글로색슨족이 그런 일을 주로 맡게 되었을 것 이다. 어느 날 요리 담당 하인인 존이 먹음직스러운 소고기 요리를 백 작의 저녁 식사 테이블에 올렸다. 몽포르 백작은 요리를 보고 다음 과 같이 말했다. "Oh! C'est bon, le bœuf!(오! 이 소고기 요리 맛있어 보 이는데!)" 주인의 칭찬을 들은 존은 흡족한 마음을 안고 주방으로 돌아갔다.

앵글로색슨족
앵글족, 색슨족, 주트족을 통틀어 앵글로색
슨족으로 부른다. 게르만족의 한 갈래이며,
5세기경 독일에서 브리튼 섬으로 건너왔다.
지금 영국 국민의 4분의 1 정도가 DNA상
으로 앵글로색슨에 해당한다고 한다.

TIP

본래 영어에서는 가축을 부르는 이름과 그 고기를 부르는 이름이 동일했다. 그런데 1066년 노르만 왕조가 들어서자, 프랑스어가 파도처럼 밀려와 영어에 영향을 주었다. 당시 생활상을 고려할 때 가축을 기르는 사람은 피정복자인 앵글로색슨족이었지만, 그 가축의 고기를 소비하는 사람은 프랑스 귀족 계층이었다. 자연스럽게 사회적 위상이 높았던 프랑스어가 고기 이름으로 남아, 지금까지 내려온 것으로 보인다.

영어에 들어간 프랑스어는 고기뿐만 아니라 요리와 관련된 거의 대부분의 단어들을 낳았다. 식도락을 즐기는 사람들은 지배자인 노르만 귀족이었으니, 어떻게 보면 당연한 현상이다. 영어에 남아 있는 조리법이나 양념과 관련된 말들을 살펴보자.

영어	프랑스어	뜻
dinner	dîner	저녁 식사
feast	festin	잔치, 연회
taste	tâter	맛보다
viand	viande	고기, 음식
mackerel	maquereau	고등어
salmon	saumon	연어
sausage	saucisse	소시지
chine	échine	등뼈
confection	confection	과자
herb	herbe	풀, 허브
vinegar	vinaigre	식초
fig	figue	무화과
tart	tarte	파이
cherry	cerise	체리

영어	프랑스어	뜻
cinnamon	cinnamome	계피
repast	repas	식사
appetite	appétit	식욕
victual	victuaille	음식
perch	perche	민물고기, 농어
oyster	huître	굴
pullet	poulet	어린 닭
pheasant	faisan	꿩고기
quail	caille	메추라기
pottage	potage	포타주, 죽
lettuce	laitue	양상추
pastry	pâtisserie	과자, 케이크
jelly	gelée	젤리
peach	pêche	복숭아

DAY 19

싱가포르는 좋은 나라?
아니면 벌금의 나라?

오늘의 단어 **벌금fine**

아시아에서 가장 잘사는 나라 중의 하나인 싱가포르는 도시의 수려한 미관은 물론이고, 특히 청결도로 유명하다. 하지만 이 청결을 유지하기 위해 싱가포르는 어마어마한 벌금 제도를 운영하고 있다.

아래에 보이는 벌금 표지판을 보면 입이 다물어지지 않는다. 담배를 피우다가 적발되면 싱가포르 돈으로 1,000달러, 우리 돈으로 80만 원이 넘는다니! 사정이 이렇다 보니 길거리에 휴지 조각 하나 찾아보기 어렵다고 한다. 혹자는 이렇게 무시무시한 싱가포르를 보고 '사형 제도가 있는 디즈니랜드'라고 신랄하게 풍자하기도 한다.

그런데 혹시 이 싱가포르의 벌금 안내판을 보고 "끽연 환영! 1,000달러 캐시백!"이라고 읽은 사람 없는가? 일반적으로 영어에서 fine이라고 하면, "How are you?"라는 질문에 "I'm fine, thank you! And you?"라고 자동응답기처럼 대답할 때같이 아주 좋다는 의미로 머릿속에 각인되어 있으니 그럴 수

프랑스 영화의 마지막 장면에 종종 등장했던 FIN. 지금은 없어졌다.
프랑스 영화의 마지막 장면에 종종 등장했던 FIN. 지금은 없어졌다.

있다. 하지만 안내판에 보이는 fine은 '좋다'라는 의미의 fine과 어원이 다르다.

영어에서 최종을 의미하는 final, 끝을 의미하는 finish는 프랑스어 fin에서 나왔다. 현대 프랑스어 fin에는 결말, 끝 등의 의미밖에 없지만, 이 단어가 잉글랜드에 나타났을 당시만 해도 끝이라는 의미 외에 죽음, 한계, 비용, 지불, 돈이라는 의미까지 있었다. 이후 fin이 영어에 들어가면서 철자가 fine으로 바뀌었고, 벌금이라는 뜻만 가지게 되었다. 그렇다면 싱가포르를 'Fine Country'라고 부를 때 벌금의 나라라고 말하는 것일까, 멋진 나라라고 말하는 것일까?

CHAPTER **2**

역사의
흔적을 품은
단어들

부르주아가 로마의 멸망을 알고 있다?

오늘의 단어 **부르주아**bourgeois

성을 쌓고 사는 자는 반드시 망할 것이며, 끊임없이 이동하는 자만이 살아남을 것이다.

몽골의 수도 울란바토르Ulan Bator 근교에 있는 돌궐제국의 명장 톤유쿠크Tonyukuk의 비문에 새겨진 글이다. 안에서 문을 걸어 잠그는 민족에게는 미래가 없다는 역사적 교훈을 우리에게 던져준다.

로마제국Roman Empire이 전성기를 구가할 무렵, 제국 내 모든 속주는 로마 가도Via Romana에 의해 거미줄처럼 연결되어 있었다. 그러나 3세기 이후 게르만족의 침입이 빈번해지자 로마는 도시 주변에 성벽을 둘러치고 그 안으로 들어가버렸다. 하지만 결국 476년 게르만족의 이동으로 로마는 역사에서 사라지고 만다.

제국의 새 주인이 된 게르만족은 성곽을 짓고 그 속에서 살았다. 그들은 정착한 지방마다 자신들의 언어로 이름을 붙였다. 그 결과 독일 지방에는 Hamburg와 Heidelberg, 프랑스에는 Strasbourg와 Cherbourg, 영국에는 Edinburgh와 Peterborough 같은 성곽 도시들이 생겨났다. 여기서 공통적으로

로마제국

로마는 로물루스와 레무스 설화(237쪽 참고)에 따라 기원전 8세기 무렵에 세워진 것으로 추정되나, 고대 최대의 제국인 로마제국의 시작은 기원전 27년 아우구스투스 황제 때로 본다. 그러나 멸망 시기는 로마가 동서로 분할된 시점으로 보아야 하는지, 제국의 마지막 흔적이 사라지는 비잔티움제국의 멸망 시점으로 보아야 하는지 등 관점에 따라 달라질 수 있다. 로마제국은 인류가 가장 평화롭고 행복했던 시기라는 팍스 로마나 Pax Romana를 실현했다.

TIP

보이는 형태가 있을 것이다.

근대에 들어 시민 사회의 선구자로 등장한 부유 계층을 부르주아라고 부르게 되었다. 이 말은 프랑스어로 성곽을 의미하는 bourg에서 유래한 단어다. 앞의 도시 이름들에서 보았던 burg, berg, borough 등도 모두 성벽을 의미했던 것이다. 그리고 프랑스어의 접미사 -ois는 한 나라나 도시에 사는 주민을 가리킨다. 예를 들어 중국은 chine, 중국인은 chinois가 되는 식이다. 결국 bourgeois는 성곽 안에 사는 사람을 말하는 것이다.

중세의 성에는 영주와 그의 가족이 살았고, 그 주변부에는 관리와 하인 들이 영주를 보필하며 함께 거주했다. 비록 귀족은 아니었지만 학식과 기술을 겸비한 계층이었고, 어느 정도 경제력도 가진 사람들이었다. 중세 사회에서 근대 시민 사회로 변하는 과정에서 상업 자본가로 가장 먼저 변신한 계층이 바로 부르주아일 수밖에 없었다. 그러나 산업 사회가 본격적으로 성장하자 부르주아는 노동자들을 착취하는 사업가라는 부정적인 인상을 가지게 되었다.

남프랑스 카르카손Carcassonne에는 중세의 성이 잘 보존되어 있다. 영화 〈로빈 후드〉의 촬영 장소로도 유명하다. 유네스코가 지정한 세계문화유산이다.

DAY 21

영국과 프랑스 간 싸움 때문에
생겨난 말들이 있다?

오늘의 단어 **프렌치 키스**french kiss

✦✦

영국 사람들은 프랑스 사람들을 '개구리frog'라고 부른다. 개구리를 먹는 사람들이기 때문이다. 프랑스 사람들도 지지 않는다. 영국인의 프랑스식 이름은 '로스트비프Rosbif'다. 영국인들이 오븐에 구운 소고기 요리를 너무 자주 먹는다는 이유로 붙인 이름이다. 하여튼 어느 나라든 상대방이 자기를 조롱하면 되받아치는 것이 인지상정인 법이다.

영어와 프랑스어에는 무언가 좋지 않은 것에 이웃 나라의 이름을 붙인 사례가 많다. 몇 가지 예를 들어보자. 영어에서 french leave는 '인사도 없이 슬쩍 가버리기'라는 의미다. 더불어 take french leave(직장에서 허락 안 받고 자리 비우기)라는 표현도 있다. 영국인들이 볼 때 프랑스 사람들은 인사성이 없고 뺀질거리는 민족인 셈이다. 그런데 이 표현은 프랑스에도 있다. 프랑스어로 filer à l'anglaise(인사도 없이 슬그머니 가버리다)라는 표현에서는 영어의 english에 해당하는 anglaise를 사용하는 것이다.

똑같은 동작을 놓고 영어는 프랑스식이라고 우기고 프랑스어는 영국식이라고 주장하고 있다. 영국은 18세기 초에 이 표현을 자신들이 처음으로 사용했다고 주장하지만, 언어 표현의 원조를 찾는 것은 쉽지 않다. 그렇다면 다른 나라에서 프랑스식이라고 쓰는지, 영국식이라고 쓰는지 비교해보면 누가 원조인지 알 수 있지 않을까?

'프랑스식으로 떠나다'라고 표현하는 나라는 독일, 스페인, 포르투갈이 있다. 그리고 '영국식으로 떠나다'라고 표현하는 나라는 이탈리아, 러시아, 폴란드, 체코 등 총 8개 나라가 있다. 종합해보면 유럽에서는 영국인들이 가장 인사성 없다고 생각하는 것 같다. 어쨌든 분명한 것은, 수 세기 동안 치열하게 싸웠던 두 민족의 가슴에 여전히 응어리가 남아 있다는 점이다.

그 밖에 french와 anglais가 들어간 표현에는 어떤 것들이 있을까?

· french fries: 감자튀김
· french beans: 강낭콩
· french letter: 콘돔
· french kisses: 진한 키스
· french dressing: 식초, 소금, 오일을 섞은 드레싱
· french door(미국), french window(영국): 문을 겸한 창문
· french toast: 식빵을 우유와 계란 섞은 것에 담갔다가 팬에 구운 음식

영국에서 팔리는 콘돔인 프렌치 레터. 프랑스인들이 연애편지의 도사라는 설에서 유래했을 것이라는 설명이 유력하다. 영국인들의 점잖음과 내숭이 엿보인다. 이것이 프랑스인들이 영국인들을 좋아하지 않는 이유 중 하나가 아닐까?

영어에 들어간 french는 대개 음식과 관련된 말이지만, 프렌치 레터나 프렌치 키스 등의 단어를 보면 프랑스인들이 사랑에 죽고 못사는 사람들처럼 보인다. 이런 표현에 들어간 french는 프랑스 사람들에게 결코 유쾌해 보이지 않을 것이다. 중세에 수 세기 동안 경쟁 관계에 있었던 양국 사람들이 상대방의 이름을 좋지 않은 표현에 옮겨놓은 결과다.

앞에서 본 '자리 비우기' 싸움처럼, 프랑스에서는 이런 표현들에 영국을 넣는다. 예를 들면 프랑스인들은 콘돔을 capote anglaise라고 부르는데, 직역하면 '영국식 큰 외투'라는 뜻이다. 각자 한 치의 양보도 없다. 하기야 수백 년 동안 전쟁을 했으니 감정의 골이 깊을 법도 하다. 심지어 이런 갈등은 현재도 진행 중이다. 일부 미국인들은 2003년 미국이 이라크 전쟁을 벌였을 때 전쟁에 반대하던 프랑스가 못마땅해서 프렌치 프라이french fries를 프리덤 프라이freedom fries로 바꿔 부르자고 주장했다고 하니, 영국은 그 심정을 이해했을 것이다.

100년 전쟁
잉글랜드와 프랑스는 1337년부터 1453년까지 여러 차례 전쟁을 벌였다. 이것을 통틀어 100년 전쟁으로 부른다. 전쟁의 발단은 잉글랜드의 왕 에드워드 3세가 '내 어머니가 프랑스 왕녀인데 여자는 왕위를 이어받을 수 없다고 하니, 아들인 내가 프랑스 왕위를 이어받겠다'고 주장한 것이었다. 처음에는 잉글랜드가 우세한 듯했으나, 잔 다르크 등의 활약으로 프랑스의 승리로 끝났다.

TIP

영국과 프랑스 간의 해묵은 감정은 특히 영국인에게서 잘 드러난다. 해마다 여름이면 영국인들은 날씨가 좋고, 먹거리가 풍부하고, 2개의 대양을 끼고 있는 프랑스를 많이 찾는다. 그런데 영국인들은 이렇게 천혜의 자연 경관과 풍성한 문화유산을 물려받은 땅에 왜 하필이면 프랑스인들이 살고 있는지 이해할 수 없다고 푸념을 늘어놓는다. 영국과 프랑스는 한국과 일본처럼 가깝고도 먼 이웃 나라인 것 같다.

중세에 여행은
고통스러운 일이었다고?

오늘의 단어 **여행travel**

✦✦✦

영어에서 여행을 의미하는 단어들은 대부분 프랑스어에서 유래했다. 먼저 travel의 경우를 보자. travel은 프랑스어의 travail이라는 단어에서 나왔는데, 본래 travail의 뜻은 일 또는 노동이지만 더 오래 전에는 고통이나 힘든 일이라는 의미가 있었다.

이해를 돕기 위해 중세 유럽을 상상해보자. 로마 시대에 거미줄처럼 건설되었던 도로들은 황폐해졌고, 도시에 살던 로마인과는 달리 게르만족은 요새화된 성채에서 살고 있었다. 중세 유럽에서 숲이라는 단어는 특별한 의미를 지녔다. 아서왕의 총애를 받던 기사 랜슬롯이 아서왕의 왕비와 연정을 나눈 곳도 숲이었고, 중세 유럽의 설화 〈트리스탄과 이졸데Tristan und Isolde〉에서도 연인이 사랑을 이루기 위해 숲으로 도피한다.

이처럼 숲은 속세와 절연한 사람들이 사는 곳이었고, 공포의 대상이기도 했다. 교통망도 제대로 없었던 시절에 먼 곳으로 이동한다는 것, 즉 여행을 한다는 것은 매우 고통스럽고 힘든 일이었을 것이다. 야수와 도적 떼를 피해 여행을 마친 사람은 주변에서 아마도 다음과 같은 인사말을 들었을지 모른다. "여기까지 오느라 얼마나 고생하셨습니까?"

고대 로마에는 반역을 저지른 노예들을 고문하는 형틀이 있었는데, 이것을 부르는 말이 tripalium이었다. 이 말이 나중에 프랑스어 travail로 바뀐다. 그 뜻도 고통, 힘든 일로 재탄생한다.

이렇게 고생이라는 뜻의 프랑스어 travail이 영어의 travel로 바뀐 것이다. 프랑스 사람들이 볼 때는 영국 사람들이 일중독에 빠져 있다고 생각할지 모른다. 프랑스에서는 노동이라는 뜻으로 사용하는 말이 영어에서는 버젓이 여행이라는 뜻으로 사용되고 있지 않은가?

이것 외에도 영어에는 여행이라는 뜻의 journey라는 단어가 있다. 이 단어는 프랑스어의 journée라는 말에서 유래했다. 현대 프랑스어에서 journée는 하루라는 의미로 사용되고 있지만, 예전에는 하루 동안의 여행이라는 뜻으로 사용되었다. 이 밖에도 영어의 voyage에는 긴 여행, 항해라는 의미가 있지만 프랑스어의 voyage는 일반적인 여행을 의미한다.

끝으로 영어에는 짧은 여행을 의미하는 trip이라는 말이 있는데, 이 말의 어원도 프랑스어다. 영어 trip을 사전에서 찾아보면 '짧은 여행'이라는 명사의 뜻과 함께 '경쾌하게 걷다, 달리다, 춤추다'라는 동사의 뜻도 있다. 바로 이 동사가 중세 프랑스어 triper에서 유래한 말이다. 프랑스어의 뜻은 '팔짝 뛰다, 춤을 추다'인데 영어에 거의 비슷한 의미가 들어간 셈이다.

셰프는 원래 머리를 의미하는 말이다?

오늘의 단어 **셰프chef**

✦✦✦

중세 프랑스어는 영어에 많은 어휘를 제공했다. 그중에 chief라는
단어가 있었는데, 본래 라틴어 caput에서 유래한 말이었다. 라틴어
caput의 의미는 '사물의 끝부분'이었는데 나중에 윗부분 혹은 우월
함의 의미가 생겨났다.

한국어의 머리라는 단어
에서 우두머리라는 단어
가 나왔듯이, 셰프라는 단
어의 뿌리 역시 머리다.

　그러다가 중세 프랑스어 chief의 발음과 형태가
변하기 시작했다. 첫 ch 발음이 [tʃ]에서 [ʃ]로 변했
고, 철자도 chief에서 chef로 바뀐 것이다. 이제 chef
의 발음은 '치프'에서 '셰프'가 되었다. 영어에 들어
간 chief는 머리라는 의미에서 추장, 최고위자라는
의미로 변했다. 이 두 어휘들이 영어에 들어온 시기
를 비교하자면 당연히 chief가 먼저이고, 조리장을
의미하는 chef는 1830년 영어에 들어왔다고 사전에
기록되어 있다.

　그리고 영어 동사 중에 '달성하다'라는 뜻을 가
진 achieve라는 동사가 있다. 프랑스어에도 achever
라는 단어가 있다. 이 단어들도 알고 보면 chief에
서 만들어졌다. Achieve를 분리해보면 'à+chief'가

중세Middle Ages
우리가 흔히 말하는 '중세 시대'는 서양에서
의 중세다. 서로마제국이 멸망한 476년부
터 동로마제국이 멸망한 1453년까지, 대략
1,000년 정도의 기간을 말한다. 중세 이전
은 고대라고 부르며 중세 이후에는 근대가
온다.

되는데, 영어로 풀어보면 'to+chef'가 된다. 그 뜻을 풀어보면 '끝으로 가기', 즉 일을 완수한다는 의미다.

하지만 영어 achieve와 프랑스어 achever의 뜻은 조금 차이가 난다. 영어 achieve에는 '성취하다'라는 뜻이 강하고, 프랑스어 achever에는 '완성하다'라는 뜻이 강하다. 영어로 걸작을 의미하는 masterpiece는 말 그대로 거장의 작품을 말하는데, 여기에 해당하는 프랑스어는 chef d'œuvre다. 직역하자면 chef가 만든 작품이라는 뜻이다. 프랑스에서는 chef가 거장이라는 의미로도 쓰인다는 사실을 알 수 있다.

단어 chef를 보니 생각나는 작품이 있다. 파리의 노트르담 대성당에 있는 프랑스의 수호성인 생 드니^{Saint Denis}의 조각상이다. 특이하게도 그는 자신의 머리를 분리해 손에 들고 있다. 이 머리를 프랑스어로 chef de Saint Denis라고 한다. '생 드니의 머리'라는 뜻이다. 생 드니는 파리의 초대 주교로, 기독교를 전파하다가 로마 황제의 박해를 받아 참수당했다. 그런데 생 드니는 잘려서 구르는 자신의 머리를 들고 태연히 걸어갔다고 한다. 일설에는 생 드니가 참수당한 언덕이 '순교자의 언덕'이라는 뜻을 가진 몽마르트르^{Montmartre}였다고 하기도 한다.

정면에 있는 것이 생 드니의 조각상이다. 자신의 머리, chef를 들고 있다.

밀가루는 왜 꽃과 같은 발음을 가지게 되었을까?

오늘의 단어 **밀가루flour**

✦✦✦✦✦✦✦✦✦✦✦✦✦✦✦✦✦✦✦✦✦✦✦✦✦✦✦✦✦✦✦✦✦✦✦✦✦✦✦

영어에서 밀가루를 의미하는 flour와 꽃을 의미하는 flower는 발음이 같다. 철자는 다른데 단지 우연의 일치로 발음만 같은 것일까? 이제 그 이유를 파헤쳐보자.

중세에 빵은 없어서는 안 될 중요한 식품이었다. 앞(53쪽)에서 이야기한 것처럼, 영어에서 lord와 lady라는 말은 빵 덩이를 의미하는 loaf에서 만들어졌다. 빵의 품질은 계층마다 달랐을지라도, 중세 시대에 대부분의 사람들은 빵을 먹고 살았던 것이다.

노르망디 공 윌리엄의 잉글랜드 정복 이후, 13세기경이 되자 영어에는 flur, floure, flower, flowre 같은 단어들이 등장한다. 식물이 만개함을 뜻하는 프랑스어 fleur에서 유래한 말들이다. 그러더니 그 뜻이 확장되어 최고의 것, 가장 바람직한 것, 가장 선별된 부분을 가리키게 되었다.

이후 flur는 앵글로색슨어 blossom을 밀어내고 꽃을 의미하는 단어로 정착한다. 이 단어가 훗날 flower로 바뀐다. 아울러 꽃이라는 의미가 확장되며 '꽃처럼 곱게 정제된 밀가루'라는 뜻의 flour도 생겨났다. 어원이 같기 때문에 flower와 flour의 발음이 같아진 것이다.

영어에는 blossom뿐만 아니라 bloom이라는 말도 꽃을 의미하는

영화 〈사운드 오브 뮤직 Sound of Music〉에서 주인공 폰 트랩 대령(왼쪽)은 노래 〈에델바이스 Edelweiss〉를 부르며, 에델바이스 꽃을 blossom of snow라고 표현한다. 여기에 나온 blossom은 고유 영어이고, flower는 프랑스어 차용어다.

데, 이 단어들의 차이는 무엇일까? 먼저 blossom은 저지대 독일 지방, 즉 색슨 지방의 방언으로부터 영어로 들어온 말이다. 그러니까 앵글로색슨족이 잉글랜드에 들어올 때인 5세기경 영어에 유입되었을 것이다. 현대 영어에서는 유실수나 관목의 꽃을 의미한다. 벚꽃을 cherry blossom(체리블로섬)이라고 부르는 이유다.

2번째로 영어에 들어온 말은 bloom인데, 이 말은 고대 스칸디나비아어에서 유래했다. 9세기에 영국을 침입한 덴마크 바이킹들이 동북부 지방에 자신들만의 왕국을 건설하면서, 이때 많은 스칸디나비아어가 영어에 유입되었다. 지금은 화초의 꽃을 의미한다.

마지막으로 꽃을 의미하는 영어 단어로는 flower가 있다. 현재 영어에서 대부분의 꽃들은 flower라고 불리는데, 역사적인 측면에서 설명하자면 노르만 정복 이후 프랑스 귀족들의 정원에 피었던 꽃은 flower고, 들판이나 나무에서 핀 꽃은 blossom이라고 보면 된다.

자, 이제 이 3개의 단어를 정리해보자. 먼저 나이순으로 줄을 세워보면 blossom이 가장 나이가 많고 그다음이 bloom, 가장 어린 단어가 flower다. 하지만 신분상의 구분을 한다면 flower의 지위가 가장 높다. 왜냐하면 정복자의 언어이자 교양어로서 영어에 들어왔기 때문이다. 단어에도 귀천이 있다고 해야 할까?

양파는 통일과 관련이 깊다?

오늘의 단어 **양파**onion

✦✦✦✦✦✦✦✦✦✦✦✦✦✦✦✦✦✦✦✦✦✦✦✦✦✦✦✦✦✦✦✦✦✦✦✦✦✦✦

양파는 몸에 참 좋다. 피를 맑게 해주고 성인병을 예방한다. 소화도 촉진해주고, 신진대사도 활발히 해준다고 한다. 대부분의 사람들이 양파를 그저 흔한 야채 중 하나쯤으로 생각하는 것 같아 개인적으로 아쉽다.

영어로 양파는 onion이라고 하는데, onion이라는 단어의 어원을 따라 들어가면 조금 흥미로운 구석을 발견하게 된다. 어원 사전을 보면 onion은 앵글로-프랑스어^Anglo-French(노르망디 공 윌리엄의 정복 이후 영국에서 사용되던 프랑스어. 넓은 의미에서 보면 프랑스어에 속하는 중세 방언이다)의 union에서 유래한 말이라고 나온다. Union은 혹시 조합이나 연합을 의미하는 그 영어 단어일까? 앵글로-프랑스어가 방언이기는 해도 프랑스어이므로, 그럴 가능성이 농후하다. 왜냐하면 union은 프랑스어에서 영어로 들어간 말이기 때문이다. 언어의 역사 속에서 답을 찾아보자.

본래 라틴어 unio는 하나 혹은 통일을 의미하는 격식 있는 말이었다. 그러다가 이 말이 중세 프랑스어의 구어 속으로 들어가 평범한 의미를 지닌 말로 변한다. 바로 이 지점에서 양파라는 의미가 생겨난 것이다. 통일과 양파의 연결고리는 대체 무엇이었을까?

음식을 만들 때 대표적인 야채가 양파와 마늘이다. 그런데 이것들은 모양이 상이하다. 마늘은 6조각으로 쪼개지지만 양파는 하나로 되어 있다. 마치 진주와도 같은 하나의 결정체처럼 보였는지, 여기에서 통일이라는 의미가 붙었다. 마늘과는 다르게 양파를 하나의 단일체로 본 것이다. 더 내려오면 조합이라는 뜻의 union도 같은 뿌리에서 나온 것이 확실해진다.

양파와 조합의 공통점은 어원이 같다는 것 말고도 있다. 둘 다 사람들을 울게 만든다는 것이다.

그런데 문제가 하나 있다. 단일성을 의미하던 union이 평범한 야채를 뜻하는 양파로 변신하면서 그 형태도 onion으로 바뀌고 말았다. 이제 onion에는 단일성 혹은 통일이라는 의미가 사라진 것이다. 그렇다면 본래의 의미, 즉 통일이라는 추상적인 의미로 사용할 수 있는 말은 어디에서 구해야 하는가?

해결책은 onion 이전의 형태인 union을 다시 부활시키는 것이다. 그 결과 onion은 양파를 의미하게 되었고, union은 '통일'의 의미로 확정되었다. 영어에서 두 단어의 나이를 비교해본다면 onion은 12세기 초, union은 15세기에 등장했으니 onion이 훨씬 선배다.

이제 양파를 먹을 때마다 그 단일성을 떠올려보는 것은 어떨까?

드레스, 소스, 주소가 모두 한 가족이라고?

이번에 소개하려는 단어들 dress, dressing, address는 발음과 철자가 매우 유사해 보인다. 외견상으로는 모두 동일한 철자를 품고 있지만, 의미는 각각 옷, 소스, 주소로 전혀 통일성이 없다. 의미상으로는 공통분모가 전혀 보이지 않는 이 단어들은 왜 비슷한 형태를 띠게 되었을까?

먼저 우리가 잘 알고 있는 여성복의 일종, 드레스의 어원을 풀어보자. 드레스는 아주 호화스러운 옷이다. 중세 시대에 이런 옷은 귀족들의 전유물이었다. 특히 드레스는 입는 방법부터 복잡했다. 먼저 귀족 여성이 거울 앞에 서 있으면, 하녀들이 옆에서 긴 드레스를 입혀주었다고 한다. 끈으로 조이고 치장을 하면서 입어야 하는 옷이었을 것이다.

영어에 dress라는 단어가 처음 등장한 시기는 14세기로 기록되어 있다. 중세 프랑스어에는 dresser라는 동사가 있었는데, 아주 많은 의미를 가지고 있는 단어였다. 뜻을 정리하면 몸을 세우다, 올리다, 똑바로 가다, 준비하다, 조정하다, 식탁을 차리다, 음식을 차리다 등이다. 이 의미 중에서 '몸을 세우다'와 '조정하다'를 합치면 앞에서 언급한 드레스 입는 장면이 탄생한다. 즉 dress는 '똑바로 선 채 몸에 맞

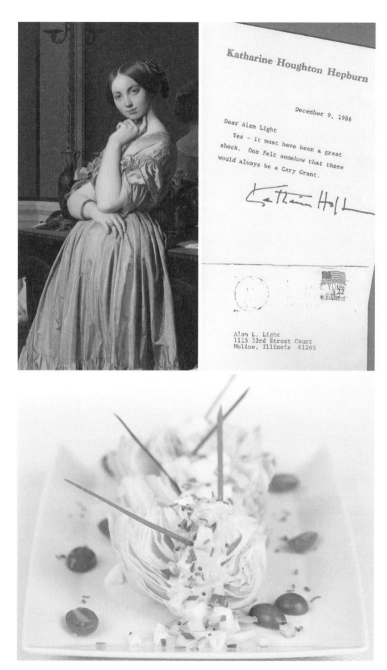

드레스, 드레싱, 어드레스, 모두 한 가족이다.

취 조정해 입는 여성용 옷'을 의미했던 것이다.

2번째로, 음식을 먹을 때 소스처럼 뿌리는 dressing에 대해 알아보자. 동사 dresser에서 '음식을 차리다, 조정하다, 식탁을 차리다'의 의미를 더해보면 '식탁+음식+조정'이다. 얼추 드레싱의 의미가 만들어진다. 즉 식탁 위에서 음식이 입는 옷이 바로 dressing이다.

이제는 주소의 의미를 가진 address만 남았다. 다른 단어들과 어떤 관계가 있을까? address는 중세 프랑스어 동사 adrecier에서 만들어진 말인데, 영어에 처음으로 들어왔을 당시의 의미는 똑바로 가다, 앞으로 가다, 똑바로 세우다 등의 의미였다. 그러다가 '한 사람의 행동을 바로 세우다'라는 의미가 생겨났고 '말을 하는 매너와 방식', '청중에게 하는 공식 연설' 같은 뜻도 생겨났다. 마침내 누군가 거주하는 올바른 장소라는 맥락에서 주소라는 뜻이 파생되었다. 결국 이 3단어 간 의미의 교집합을 살펴보면 '똑바로 세우고, 조절하고, 올바른 어떤 것'이라는 뜻으로 정리해볼 수 있다.

예전에는 배너를 귀족만 사용할 수 있었다?

오늘의 단어 **배너banner**

✦✦✦✦✦✦✦✦✦✦✦✦✦✦✦✦✦✦✦✦✦✦✦✦✦✦✦✦✦✦✦✦✦✦✦✦✦✦✦

인터넷 서핑을 할 때마다 매우 성가신 것 중의 하나는 시도 때도 없이 열리는 배너 광고다. 악성 코드에 감염이라도 되었다 하면 어떤 창을 열든 걷잡을 수 없이 광고가 열린다. 인터넷 기사를 보는 건지, 광고를 보는 건지 모를 정도다.

여기서 banner라는 말의 뿌리를 알기 위해서는 프랑스어 ban의 뜻을 먼저 알아야 한다. 유럽 대륙의 봉건 제도를 브리튼섬으로 가져간 노르망디 공 윌리엄은 전쟁을 할 때 대개 40일 동안 봉신들을 소집하곤 했는데, 이때 사용한 포고령을 ban이라고 불렀다. 즉, ban이란 봉신 소집령을 의미한 것이다.

동서고금을 막론하고 사람들이 좋아하는 그림은 비슷한 것 같다.

여기에서 한 걸음 더 나아가 공고公告의 의미가 생겨났다. 하도 자주 이것저것 공고되다 보니 ban을 보면 지겨울 수밖에 없었을 것이다. 영어와 프랑스어 banal에 지극히 평범하고 따분하다는 의미가 있는 이유다.

Banner는 ban에서 유래한 프랑스어 bannière에서 나왔다. 이 단어는 왕이나 높은 제후 들이 사용하던 깃발을 가리켰다. 제후들만 사용하던 깃발을 이제는 누구나 인터넷 상에서 사용할 수 있게 된 것이다. 당시 제후의 문장이나 깃발에는 주로 사자 같은 동물이나 아이콘 중 좋은 의미를 가지는 것을 넣곤 했다. 인기 있던 아이콘들과 그 의미는 아래 표와 같다.

그림	의미
사자	불굴의 용기
독수리	존귀함, 용기
표범	용맹스러운 전사
뱀, 도마뱀	지혜
물고기	예수의 상징 (3마리 물고기는 삼위일체)
개	용기와 충성심
비둘기	평화
백합	성모 마리아의 상징, 프랑스 왕실의 상징
붉은 장미	아름다움과 은총
흰 장미	신앙심과 사랑
월계수	고요함과 평화

한편, 영어와 프랑스어에는 포고령인 ban이 미치는 지역을 의미하는 말이 있다. 바로 banlieue인데, ban과 lieue(장소)가 합쳐진 말이다. 즉 영주의 법이 미치는 지역을 말한다. 이 말은 현대 프랑스어에서 교외 혹은 변두리의 뜻으로 바뀌었다. 영어에 들어간 banlieue도 프랑스어와 같은 의미로 정착되었다. 오늘날에도 영주의 법령은 여전히 유효하다. 영주 대신에 중앙 정부나 자치 단체가 법을 제정하는 주체로 바뀌었을 뿐이다.

옛날에는 점심 식사를 3시에 했었다고?

DAY 28

오늘의 단어 **정오noon**

✦✦✦✦✦✦✦✦✦✦✦✦✦✦✦✦✦✦✦✦✦✦✦✦✦✦✦✦✦✦✦✦✦✦✦✦✦✦✦

중세 사회는 기독교가 지배하고 있었다고 해도 과언이 아니다. 교회의 위상은 막강했다. 그중에서도 수도원은 매우 많은 역할을 하는 기관이었다. 신학을 연구하는 대학이자, 책을 저술하고 보관하는 도서관이었으며, 자급자족 경제의 주체이기도 했던 것이다.

수도원에 머무는 수도사들은 정해진 일과에 따라 공동체 생활을 이어갔다. 동틀 무렵에 일어나 성직자로서의 임무를 암송하거나 새벽기도를 했고, 부활절부터 10월까지는 제4시(오전 10시)부터 제6시(정오)까지 각종 작업에 종사했다. 겨울에는 새벽기도 시간까지 시편을 암송하거나 성경과 성전 등을 강독했고, 제9시none(오후 3시)까지 노동을 했는데 사순절 기간에는 제10시(오후 4시)까지 노동을 했다고 한다.

> **수도원**
> 중세 유럽에서는 교회 외에 수도원이 융성했다. 수도원에서는 수도사들이 고립적인 신앙 생활을 했는데, 주로 자급자족 형태로 운영되었다. 수도사들은 책과 지식을 접할 수 있는 지식인 계층이었으므로 수도원은 유럽의 학문과 문화 발전에 크게 기여했고, 새로운 형태의 예술이 생기는 계기가 되기도 했다. 그러나 교회가 점차 부패하면서 수도원도 어두운 길을 따라가게 된다.

수도사들은 강독과 노동이 끝나면 비로소 그날의 첫 식사를 했는데, 식사 시간이 여름에는 정오였지만 겨울에는 오후 3시인 제9시였다. 지금 시각으로 보아도 겨울에 먹는 점심 식사 시간에는 문제가 있다. 오후 3시에 점심을 먹으려면 너무 오래 배고픈 상태로 기다

중세의 수도사들은 신학 공부뿐만 아니라 육체노동도 했으니, 오후 3시까지 점심을 참기는 힘들었을 것이다.

려야 했다. 점차 수도사들은 겨울에도 정오에 점심을 먹게 해달라고 요구하기 시작했다.

지성이면 감천이라고 했던가. 관습이 차츰 바뀌어, 나중에는 점심 식사를 정오에 할 수 있게 된다. 하지만 예전에 점심이 나왔던 시간, 즉 제9시가 여전히 점심 식사 시간으로 머릿속에 남아 있었다. 훗날 제9시라는 뜻의 none이 정오를 가리키게 되었고, 지금의 noon이 된다.

이렇게 해서 정오라는 뜻을 나타낼 때 noon을 사용하게 되었다. 오후 3시까지 배를 곯으며 점심을 기다렸던 수도사들의 단체 행동이 새로운 단어를 만들어낸 것이다. 형제님들, 브라보!

영어가 프랑스어 때문에 얼굴을 잃었다니?

오늘의 단어 **얼굴face**

✦✦

보통 어떤 언어가 외국어의 영향을 받더라도, 신체 부위나 동식물 이름처럼 오랫동안 보편적으로 사용해온 어휘들은 고유어를 간직한다. 즉 일상적인 단어는 외국어의 영향을 비교적 덜 받는 편이다. 하지만 우리말은 이런 단어들조차 한자어에 많이 잠식당했다. '뫼'와 '가람'이 한자어인 '산山'과 '강江'에 자리를 내어준 것이 그 예다.

영어도 프랑스어의 영향을 뼛속 깊이 받았다. 프랑스어 때문에 사라진 영어 단어들이 많은데, 대표적으로 얼굴을 뜻하는 face가 있다. face는 고유어가 아니라 프랑스어 face에서 들어온 말이다.

마찬가지로 공기를 의미하는 영어의 고유어 lyft는 프랑스어의 air에 그 자리를 넘겨주고 사라졌다. 독일의 항공사 루프트한자Lufthansa의 이름을 보면, 독일어는 고유어를 잘 간직하고 있는 셈이다. 본래 외모, 모습, 아름다움을 의미하던 wlite의 경우도 마찬가지다. 영어에서는 찾아볼 수 없는 삼중모음의 프랑스어 beauty에 의해 사라져버렸다. 현대 프랑스어 beauté의 발음은 '보테'지만, 영어는 '뷰티'라고 발음한다. 이것은 중세 프랑스어의 발음이다.

이 밖에도 고대 영어에는 영광을 의미하는 wuldor라는 말이 있었는데, 이 말도 프랑스어에서 들어온 glory에 의해 사라지고 말았다.

영어에 프랑스어 air가 수입되지 않았다면 우리나라 항공사들의 이름은 어떻게 되었을까? Korean Air 대신에 Korean Lyft가 되었을 것이다.

본래 wuldor는 북유럽 신화에 등장하는 울르Ullr라는 신의 이름에서 나온 말인데, 울르는 활과 스키의 신이었다고 한다. 스키, 스케이트, 스칸디나비아같이 sk-로 시작하는 말들은 스칸디나비아 지방이 고향이다(248쪽 참고).

영국이 낳은 대문호 셰익스피어는 많은 신조어를 만들어 영어를 위대한 문학어의 반열에 올려놓았지만, 막상 그도 자신의 작품에서 고유어보다는 프랑스어에서 차용한 말을 자주 사용했다. 예를 들면 민중을 의미하는 folk 대신에 프랑스어 차용어인 people을 더 많이 사용했다.

영어는 '얼굴'까지 잃어버리고 말았지만, 거꾸로 수많은 프랑스 어휘를 자신들의 언어에 받아들였고 명실상부한 국제어의 반열에 올라갔다. 언어의 충돌 사이에서 중심을 잡으려 했을 잉글랜드인들의 노력에 고개가 절로 숙여진다.

리무진의 고향은 리무진이다?

DAY 30

오늘의 단어 **리무진limousine**

✦✦✦✦✦✦✦✦✦✦✦✦✦✦✦✦✦✦✦✦✦✦✦✦✦✦✦✦✦✦✦✦✦✦

프랑스 중부에는 리무쟁Limousin이라는 지방이 있다. 이 지방은 예전부터 넓은 목초지와 숲으로 둘러싸여 있어 목축업으로 유명했다. 그러다 보니 이 지방의 목동들은 비박을 하는 일이 잦아 염소 가죽과 털로 만든 긴 망토를 몸에 걸치고 다녔다고 한다. 이 망토를 추울 때는 방한복으로, 비박할 때는 이불 대신 사용했다. 마치 산악인들이 들고 다니는 전신 우의와 비슷한 모양이었을 것이다. 에밀 졸라Émile Zola의 소설 《파리의 배Le Ventre de Paris》에서는 수레꾼들이 리무진이라는 것을 사용해 짐승들을 덮었다는 묘사가 나오기도 한다.

프랑스 리무쟁 지방.

그렇다면 우리가 알고 있는 리무진과 목동들이 걸치는 리무진의 연결고리는 무엇일까? 현대적 의미의 리무진은 폐쇄적인 구조를 가진 개인용 자동차로, 규모가 크고 안에 음료와 얼음 등을 갖춘 것이다. 목동들이 가축을 덮을 만큼 커다란 망토가 어떻게 자동차라는 의미로 옮겨간 것일까?

신혼부부나 유명인을 연상시키는 리무진 자동차. 목동의 긴 망토가 마법에 걸려 화려한 마차로 부활한 것 같기도 하다.

　학문적으로 보면 두 언어의 의미가 전적으로 유사하거나 일치하지 않더라도 의미적 전이는 일어날 수 있다. 추측해보자면 목동이나 가축을 추위로부터 보호하기 위한 큰 망토였던 리무진이 오늘날 인간을 보호한다는 의미에서 고급 자동차 리무진으로 천천히 변해간 것은 아닐까?

계절을 나타내는 말들은 어디서 왔을까?

DAY 31

오늘의 단어 **계절season**

✦✦✦

대부분의 문명권에서 봄은 새로운 한 해를 시작하는 계절을 의미한
다. 봄에는 만물이 소생하니 봄을 뜻하는 영어 spring이 도약을 의미
하는 명사 spring에서 나왔다는 사실은 충분히 이해가 된다. 개구리
가 뛰어오르고, 새싹이 솟아오르니 말이다.

그런데 영어의 사촌 격인 독일어에서 봄을 의미하는 말은 조금
다르다. 철학적이고 관례를 중시하는 민족인 독일인들에게, 봄은 '사
순절의 계절'이라는 의미로 Lenz라고 불린다. 사순절 날짜가 매번 다
르긴 하지만, 그 시기가 대부분 봄과 겹치기 때문이다. 영어로 사순
절은 lent이니, 역시 뿌리가 같다.

여름의 경우 영어와 독일어의 형태가 거의 같다. 영어의 summer
는 독일어의 Sommer인데, 2단어 모두 서양인들의 조상인 인구어
족의 단어 samā에서 유래했다. 그러나 인구어에서 samā는 여름이
라는 뜻이 아니라 계절, 한 해를 의미하는 말이었
다. 지금도 이따금 영어에서는 summer나 winter를
year 대신에 사용하곤 한다. 예를 들자면 다음과 같
은 문장들을 만들 수 있다. "She is a girl of seventeen
summers(그녀는 17살이다)." "It happened ten winters

> **계절의 어원**
> 봄, 여름, 가을, 겨울을 나타내는 단어인 계
> 절은 영어로 season이라고 한다. 이 단어
> 는 어디서 왔을까? 영어의 season은 중
> 세 프랑스어 seison에서 왔다. 뜻은 계
> 절, 날짜, 적기 등으로 비슷하다. 프랑스어
> seison의 어원을 다시 추적해보면 씨를 뿌
> 린다는 뜻의 라틴어 serere가 그 뿌리다.

TIP

ago(그 일은 10년 전에 일어났다)."

가을은 수확의 계절이자 상실의 계절로, 이때 나무의 잎들이 떨어지기 시작한다. 영어의 autumn은 추락이라는 의미를 가진 라틴어 autumnus에서 왔다. 가을의 또 다른 이름인 fall(떨어진다는 뜻도 있음)이 이 의미를 잘 간직하고 있다. 한편, 독일에서 가을은 수확의 상징이다. 독일어로 가을은 Herbst라고 쓰며 영어로 수확을 의미하는 harvest와 같은 어원에서 나왔다.

겨울은 유럽인들의 조상인 게르만족에게 중요한 기준이 되던 계절이었다. 선사 시대에 게르만족은 계절을 겨울과 겨울이 아닌 계절로 구분했다고 한다. 게르만족의 고향이 북유럽이었으니 겨울이 길고 중요한 계절이어서 그런 구분이 생겼을 것이다. 하지만 본래 영어에서 겨울을 의미하는 winter는 습한 계절이라는 뜻이었다. Winter는 인구어에서 '습기가 있는'이라는 의미를 가진 wend에서 유래했는데, 고대 영어의 waeter(water)와 waet(wet)도 같은 뿌리에서 나왔다.

체코의 화가 알폰스 무하
Alphonse Mucha가 여성의
모습으로 표현한 사계절.

DAY 32 역사는 이야기에서 비롯되었다?

오늘의 단어 **이야기story**

✦✦✦✦✦✦✦✦✦✦✦✦✦✦✦✦✦✦✦✦✦✦✦✦✦✦✦✦✦✦✦✦✦✦✦✦✦

영어를 배울 때 story는 이야기, history는 역사라고 외운다. 그런데 이 두 단어를 곰곰이 비교해보면, 철자뿐만 아니라 의미도 많이 유사해 보인다. 이 단어들의 뿌리는 어디일까? 어원의 타임머신을 타고 중세 잉글랜드로 가보자.

본래 12세기에 story가 중세 프랑스어 estoire를 통해 영어에 처음 들어왔을 때의 뜻은 '중요한 사건이나 인물에 관한 이야기'였다. 물론 프랑스어 estoire도 할아버지 격인 라틴어 storia에서 왔는데, 이 어형은 historia를 축소한 것이다.

라틴어 historia의 의미는 역사, 장부, 소설, 이야기 등이었다. 다시 말해 라틴어에는 영어의 history와 story의 뜻이 다 들어 있었던 것이다. 14세기에 history라는 말이 부활하기 전에는 영어 story가 역사와 이야기의 뜻 모두로 사용되었다.

그런데 14세기에 history가 나타난다. 라틴어 어원을 닮은 history가 역사라는 뜻으로 부활함에 따라, 점차 story는 평범한 이야기라는 뜻에 국한되었다. 언어는 이렇게 한 뿌리에서 나온 말들이라고 할지라도, 어떤 이유로 인해 독특한 의미를 구축하게 된다.

한편, story에는 다소 특이한 의미가 들어 있다. 건물의 층이라는 뜻이다. 예를 들면 'a house of one story'라는 표현은 하나의 이야기를 가진 집이 아니라 단층집을 뜻한다. 하지만 이야기를 가진 집이라는 해석이 전혀 틀린 것은 아니다. 사람들이 대부분 문맹이었던 중세 시대를 떠올려보자.

성경

성서라고도 한다. 흔히 성경이라고 하면 1권의 두꺼운 책으로 생각하지만 사실 제작기 형식과 내용이 다른 책 66권을 묶은 것이다. 서양의 예술, 문화, 문학 등을 이해하는 데 필수적인 자료라고 할 수 있다.

중세에는 좁은 지역에 많은 사람들이 살다 보니 2층 이상의 건물이 많았다. 성직자들은 글을 모르는 일반 민중들을 위해 건물의 정면이나 창문 등에 성경을 주제로 한 그림을 많이 그렸는데, 이때 story에 그림이라는 의미가 생겨났다. 만약 어떤 사람이 예수의 부활을 주제로 삼은 그림이 그려진 층에 살았다면 그는 "나는 예수 부활 이야기가 그려진 층에 산다"고 말했을 것이다. 이렇게 story가 이야기가 아니라 건물의 층이라는 의미로 사용된 것이다. 또 다른 설명으로는 story의 어원인 중세 프랑스어 estoire에 '건물을 짓다' 혹은 '공급하다'라는 의미가 있었다고도 한다.

결국 언어에 새로운 의미가 생길 때는 어떤 우연적 사건들에 의해서인 경우가 많다. 그런데 그런 행위를 누가 처음으로 했는지, 그것이 사실인지의 여부는 애석하게도 확인하기 어려운 실정이다.

프랑스 앙제Angers에 있는 아담과 이브의 집 Maison d'Adam et Ève. 저 집에는 아담과 이브의 이야기가 그려져 있었을 것이다(1491년 완공).

DAY 33 프랑스어가 영어보다 더 고급 언어였다?

오늘의 단어 **왕실royal**

영어에서 왕이나 왕실과 관련된 형용사를 살펴보면 royal이 사용되는 빈도가 kingly에 비해 압도적으로 높다. 단어의 형태만 보면 kingly의 의미가 더 직관적인데, 왜 royal이 선호될까? 결론부터 말하면 단어의 위상이 다르기 때문이다.

외래어인 프랑스어는 1066년 정복자의 언어로 잉글랜드에 들어왔고, 1399년까지도 잉글랜드를 다스리던 왕의 모국어는 프랑스어였다. 그러니 중세 잉글랜드에서 프랑스어가 차지하고 있던 위상은 짐작하고도 남을 것이다. 마치 우리가 순우리말 대신에 영어나 한자어를 사용하게 된 것처럼, 중세 잉글랜드인들도 프랑스어를 더 교양 있는 언어로 사용했다.

프랑스어로 왕은 roi이고 royal은 roi의 형용사다. 그리고 영어에는 royal과 비슷한 형용사가 또 있는데, 바로 regal이다. 이 단어는 라틴어에서 직수입되었고, royal의 부모뻘이다. 영어는 자신들의 고유어가 있는데도 프랑스어와 라틴어에서 어휘를 수입한 것이다.

마찬가지로 영어의 mansion은 중세 프랑스어의 maison에서 차용된 단어인데, 원래 건물, 집, 사람이 오래 거주하는 주거지 등을 나타내는 말이었다. 그런데 영어에 들어오고 나서는 대저택의 의미로 축소되었다. 그 까닭은 무엇일까?

당시 지배층인 노르만 귀족들은 대개 호화로운 저택에 거주했을 것이고, 그들이 사는 집을 단순히 프랑스어로 '집'이라는 의미의 maison이라 불렀을 것이다. 그런데 앵글로색슨족에게는 그들의 house와는 다른 저택으로 보였으므로, mansion이 고급 저택의 의미를 띠게 된 것이다.

이 밖에도 고유 영어와 프랑스어 차용어를 비교해 보면 두 언어의 위상을 짐작할 수 있다. 다시 말해 영어는 일상 생활과 관련된 의미이고, 프랑스어 차용어는 좀 더 고상한 대상이나 관념과 관련된 의미를 갖게 되었다. 몇 가지 예를 들어보면 오른쪽 표와 같다.

고유 영어	프랑스어 차용어
speech	language
ache	pain
might	power
wish	desire
buy	purchase
board	table
wedding	marriage
weep	cry
ask	demand
deadly	mortal
give	grant

언어는 마치 유행을 따라가는 것처럼 상류 문화를 지향하는 것이 보편적이다. 영어 어휘 분포를 보면 60퍼센트 정도는 프랑스어와 라틴어, 나머지도 바이킹의 언어인 노르웨이어가 차지하고 있다.* 그러나 영어는 이 모든 외래어를 용광로에 녹여 위대한 문학을 지었고, 국제어 위치에까지 올랐다. 영어가 그렇게 많은 프랑스어와 라틴어를 수입했음에도, 오늘날 우리가 영어를 반反프랑스어라고 부르지는 않는다. 영어의 힘은 바로 여기에 있다. 다른 것을 받아들여서 내 것으로 만드는 힘 말이다.

* H. W. Fowler and Jesse Coulson William Little, 《Shorter Oxford Dictionary》(Oxford: Oxford University Press, 1973), 3rd ed., Vol.1.

윌리엄과 기욤이 같은 사람이라고?

✦✦✦✦✦✦✦✦✦✦✦✦✦✦✦✦✦✦✦✦✦✦✦✦✦✦✦✦✦✦✦✦✦✦✦✦✦✦✦

영어(단어군 I)	영어(단어군 II)	프랑스어(단어군 III)
gage(저당)	wage(임금)	gage(저당)
guard(경비)	ward(피보호자)	garde(경비)
guardian(수호자)	warden(관리인)	guardien(간수)
guaranty(보증)	warranty(보증)	guarantie(보증)
	William(윌리엄)	Guillaume(기욤)
	waste(허비하다)	gâter(망치다)
	wait(기다리다)	guetter(매복하다)
	wardrobe(옷장)	garde-robe(옷장)
	wasp(말벌)	guêpe(말벌)
	wicket(쪽문, 창구)	guichet(창구)

위 표는 영어와 프랑스어에서 일정한 형태의 대응을 보이는 단어들을 비교해놓은 것이다. 그런데 I과 III은 유사해 보이는 반면 II는 조금 이질적으로 보인다. 단어군 I에 있는 단어들은 g로 시작하고, II의 단어들은 w로 시작한다. 프랑스어와 비교해보면 I의 단어들은 g가 유지되었지만 II에서는 g가 w로 바뀌어 있다. 왜 이런 현상이 벌어졌을까?

1066년 잉글랜드를 정복한 노르망디 공 윌리엄은 후대의 프랑스인들에게 기욤Guillaume이라고 불렸다. 중세 프랑스어가 지방마다 달랐기 때문이다. 앞의 표에서 단어군 I는 파리 지방의 프랑스어에서 온 단어들이고, II는 노르망디 지방의 프랑스어에서 왔다. 즉 노르망디 지방에서 사용되던 윌리엄이라는 이름은 파리 지방의 방언에서는 기욤이었던 것이다.

노르망디 공국 Normandie dukedom
911년에 프랑스의 샤를 3세(단순왕 샤를 Charles le Simple이라는 별명이 있음)가 롤롱 Rollon이라는 노르만족 수장에게 영지를 하사했다. 이 땅이 노르망디 지역이며, 롤롱은 노르망디 공이 되었다. 이후 노르망디 지역은 프랑스 왕국에서 가장 강력한 제후국이 된다.

혹시 g로 시작되는 단어들(I)만 프랑스어에서 영어로 들어간 것이 아닐까 생각할 수도 있다. 그러나 warranty같이 II에 속하는 말들도 어원이 프랑스어다. 그렇다면 이제 우리는 이런 질문을 던질 수 있다. 영어로 유입된 프랑스어 중에서 g와 w로 시작하는 단어들을 시대 순으로 비교했을 때, 어떤 말이 영어에 먼저 등록되었을까?

정답은 w로 시작하는 단어들이다. 예를 들어 warranty가 guaranty보다 영어에 먼저 들어갔다. 실제로 warranty는 14세기 중반, guaranty는 16세기 말에 영어에 등록되었다. 그러면 이 2개의 단어 사이에 의미 차이도 있을까?

어느 자동차 회사에서 고객에게 평생 무상 수리를 보증해준다고 하자. 이때 자동차 판매 회사는 warranty를 해줄까, 아니면 guarantee를 해줄까? 두 단어 모두 보증이라는 뜻이 있지만 그 차이를 구별하기는 그리 쉽지 않다.

두 단어 뜻을 자동차에 빗대어 구별해본다면, 먼저 guarantee는 품질에 하자가 있는 경우, 자동차 제조 회사가 판매 회사를 통해 소비자에게 보증을 해주겠다는 일반적인 보증을 말한다. warranty는 부품별 조건부 보증을 의미한다.

배달은 사실 아주 신성한 의미를 담고 있다?

오늘의 단어 **배달delivery**

✦✦✦

요즘은 가히 택배의 시대다. 매장에 가지 않아도 택배 회사 덕분에 편리하게 집에서 물건을 사고 받을 수 있다. 이제 택배 없는 세상은 상상할 수 없을 정도다.

배달을 의미하는 영어 delivery는 프랑스어에서 차용한 말인데, 그 뿌리는 동사 délivrer다. 동사 délivrer에는 '해방시키다'라는 의미가 들어 있다. 죄인을 풀어준다고 할 때도 이 동사를 쓴다. 상품 배달의 경우 택배원이 보관하고 있던 것을 주문자에게 풀어주는 행위이므로 일종의 해방인 셈이다.

그런데 délivrer와 같은 어원에서 나온 프랑스어 중에 livrer라는 동사가 있다. 그 뜻은 '인도하다'와 '배달하다'이다. 이제 택배와 관련이 있는 말이 나오기 시작한다. 여기서 재미있는 사실은 프랑스 동사 livrer가 영어 동사 liberate와 형제라는 것이다. 이 두 동사의 공통분모 역시 해방시키는 행위에 있다. 전자는 상품을 인도해 해방시키는 것이고, 후자는 속박의 상태에서 풀어주는 것이다.

프랑스어의 délivrer는 영어에 같은 모양의 단어인 deliver를 남겨주었는데, 이 말에는 다양한 의미가 추가되었다. 가장 먼저 눈에 띄는 의미로는 '출산하다'가 있다. 10달 동안 어머니의 뱃속에 있던 아이가 바깥세상으로 풀려난다는 뜻이다. 하지만 우리 인간은 역설적으로 어머니의 뱃속에 있을 때가 가장 안전하지 않을까? 2번째로 deliver에는 '자신의 생각을 남에게 말한다'라는 뜻도 있는데, 이 경우는 '머릿속에 가두어두었던 생각을 밖으로 표출한다'는 의미일 것이다.

앞에서 언급한 영어의 동사 liberate는 라틴어 동사 liberare에서 나와 프랑스어를 경유해 영어에 들어간 말이다. 가톨릭에서는 사람이 죽으면 장례미사를 치르는데, 미사의 마지막 부분에서 망자가 천국에 들어가길 기원하는 의미로 최후의 심판에서 망자의 영혼을 거두어달라는 기도를 바친다. 그때 하는 기도문 중 〈리베라메Libera me〉라는 것이 있다. 라틴어 동사 liberare를 사용한 것을 볼 수 있다. '나를 구원하소서!'라는 뜻인데 그 일부분을 옮기면 다음과 같다.

Líbera me, Dómine, de morte ætérna, in die illa treménda.

오 주님, 그 두려운 날에 영원한 죽음에서 나를 구해주소서.

Quando caeli movéndi sunt et terra,

하늘과 땅이 움직일 때,

Dum véneris iudicáre sǽculum per ignem.

당신은 불로 세상을 심판하실 것입니다.

현대에 너무나도 일상적으로 접하는 delivery의 뿌리에 이처럼 신성한 의미가 들어 있었다니. 감사하는 마음으로 택배를 받아야 하는 것 아닌가 싶다.

CHAPTER 3

라틴어는
살아 있다

DAY 36
1월은 야누스의 달,
3월은 마르스의 달

오늘의 단어 1월January

기원전 46년, 로마의 실력자 율리우스 카이사르Julius Caesar는 그때까지 사용하던 태음력을 버리고 태양력을 사용하기로 결정한다. 이 달력은 1년을 365.25일로 계산하여 4년에 1번씩 윤달을 두는 방식이었다. 지금 우리가 사용하는 달력의 뿌리인 셈이다.

로마는 다신교를 믿는 국가였다. 수많은 신들 중에는 공간과 시간의 이동을 관장하는 신이 있었는데, 그 이름이 야누스Janus였다. 1월을 의미하는 January의 어원이다. 야누스는 샴쌍둥이처럼 2개의 머리가 뒤통수를 맞대고 붙어 있는 모습을 하고 있다. 시간의 이동이라는 측면에서 보면 하나의 머리는 과거인 지난해를 보고 다른 머리는 미래인 새해를 보고 있다. 야누스는 과거와 미래를 동시에 보고 있는 셈이다. 한 해의 시작을 야누스의 달로 정한 것을 이해할 수 있다.

하지만 카이사르에 의해 율리우스력이 시행되기 전에는 1년의 시작이 3월 1일이었다. 로마의 초대 왕 로물루스Romulus가 만든 달력에는 10개의 달이 있었고, 1달의 기준도 태양이 아닌 달의 운동에 맞

율리우스 카이사르(기원전 100~44)
로마의 정치가이자 장군으로, 공화정 말기에 활약했다. 영어식으로 읽으면 '줄리어스 시저'다. 공화정을 없애고 제정을 도입하려고 하다가 공화정 옹호파에게 암살당했다. 《갈리아 전기Commentarii de Bello Gallico》를 집필할 만큼 훌륭한 문인이기도 했다.

TIP

달의 이름	날수	달의 의미
Martius(March)	31일	전쟁의 신 마르스Mars의 달
Aprilis(April)	30일	한 해의 시작을 알리는 아프로디테의 달
Maius(May)	31일	옛날 로마의 신 마이아Maia의 달
Iunius(June)	30일	유피테르Jupiter의 부인 유노Juno의 달
Quintilis(July)	31일	5번째 달
Sextilis(August)	30일	6번째 달
September(September)	30일	7번째 달
October(October)	31일	8번째 달
November(November)	30일	9번째 달
December(December)	30일	10번째 달

취져 있었다. 로물루스력 속 10달의 명칭은 위 표에 나와 있다.

태음력인 로물루스력의 특징은, 지금의 역법과는 달리 1년이 10달로 되어 있고 고작 304일이었다는 점이다. 그리고 새해의 시작이 3월인 Martius다. 한 해의 시작을 3월로 정한 데는 그만한 이유가 있었다. 로마에서 가장 존경을 받는 신이 전쟁의 신 마르스였던 데다가, 긴 겨울이 지나고 만물이 소생하는 봄을 시작점으로 정하는 것이 자연의 순환에서 볼 때 자연스러웠을 것이다.

하지만 로물루스력에 의하면 1년이 304일밖에 안 되었으므로, 천체의 운동과 맞지 않았다. 그래서 10달 이후에 남는 날들은 마지막 달인 December에 다 넣었다. 그러다가 December에만 너무 많은 날들이 배정되어 길어졌으므로 새로 2개의 달을 만들어 적절히 날들을 배분했다. 그 달이 바로 Ianuarius(January)와 Februarius(Feburary)다. 이제 1년이 12달로 확정된 것처럼 보인다. 이 달력은 로마 왕국의 2번째 왕인 누마 폼필리우스Numa Pompilius가 만들었다고 한다.

달의 이름	날수	달의 의미
Martius(March)	31일	전쟁의 신 마르스의 달
Aprilis(April)	29일	한 해의 시작을 알리는 아프로디테의 달
Maius(May)	31일	옛날 로마의 신 마이아의 달
Iunius(June)	29일	유피테르의 부인 유노의 달
Quintilis(July)	31일	5번째 달
Sextilis(August)	29일	6번째 달
September(September)	29일	7번째 달
October(October)	31일	8번째 달
November(November)	29일	9번째 달
December(December)	29일	10번째 달
Ianuarius(January)	29일	문과 시작의 신 야누스의 달
Februarius(Fabruary)	28일	속죄하며 정화하는 Februalia 축제의 달

누마의 달력은 크게 2가지 특징을 가지고 있다. 하나는 모든 달
이 31일 또는 29일로 되어 있고, 다른 하나는 1년을 355일로 확정했
다는 것이다. 굳이 달의 일수를 홀수로 정한 이유는 무엇일까? 로마
인들이 홀수를 신성한 수로 여겼기 때문이다. 마치 우리가 이사할
때 손 없는 날을 선호하는 것처럼, 고대 로마인들은 홀수를 좋아했
다. 1년이 355일인 것은 음력을 기준으로 만든 역법이라서 그렇다. 그
래서 한 해의 길이가 2년 동안은 355일, 다음 2년 동안은 377일 또
는 378일이었다고 한다.

그런데 January의 어원인 Ianuarius는 처음이나 마지막 달이 아
니라, 마지막에서 2번째 달에 놓여 있다. 야누스 신이 끝과 시작
을 관장하는 신이니 처음이나 마지막 달에 놓여야 이치에 맞지 않
은가? 실제로 로마가 공화정이었던 기원전 450년경에 Februarius와
Ianuarius의 위치를 맞바꾸려는 시도가 있었는데, 로마인들이 좋아

달의 이름	날수	달의 의미
Ianuarius(January)	31일	문과 시작의 신 야누스의 달
Februarius(Fabruary)	28일	속죄하며 정화하는 Februalia 축제의 달
Martius(March)	31일	전쟁의 신 마르스의 달
Aprilis(April)	30일	한 해의 시작을 알리는 아프로디테의 달
Maius(May)	31일	옛날 로마의 신 마이아의 달
Iunius(June)	30일	유피테르의 부인 유노의 달
Quintilis(July)	31일	5번째 달
Sextilis(August)	31일	6번째 달
September(September)	30일	7번째 달
October(October)	31일	8번째 달
November(November)	30일	9번째 달
December(December)	31일	10번째 달

하는 야누스 신에게 잘 보이기 위해서였다.

이것이 우리가 사용하는 율리우스력이다. 1년이 365.25일이고, 4년마다 윤달을 2월에 두는 역법이다. 2월에 윤달을 두는 이유는 율리우스력 이전에 Februarius가 마지막 달이었기 때문일 것이다. 그리고 Ianuarius와 Februarius가 한 해의 맨 앞에 놓이게 되자, 숫자를 부여한 5월에서 10월까지가 2칸씩 밀리면서 5월은 7번째 달, 10월은 12번째 달이 되었다.

나중에 7월 Quintilis는 율리우스 카이사르가 태어난 Julius로, 8월 Sextilis는 아우구스투스 황제가 태어난 Augustus로 바뀌었고 이것이 각각 지금의 July와 August가 되었다. 사람은 자신의 이름을 역사에 남기고 싶어 하는 법인데, 달력에 들어갔으니 그중에서도 으뜸이 아닐까 싶다.

DAY 37 아우구스투스 황제의 이름은 귀여운 막둥이?

오늘의 단어 **왕자**prince

아우구스투스는 로마의 초대 황제다. 당시 귀족 계급은 이름이 3개였으나 아우구스투스는 아버지가 기사 계급 출신이었던 관계로 이름이 2개였는데, 바로 가이우스 옥타비우스Gaius Octavius다(로마의 이름 체계에 대해 더 자세히 알고 싶다면 214쪽을 참고하라). 가이우스는 당시 로마에서 가장 흔한 이름 중에 하나였고 옥타비우스는 8번째 아들이라는 뜻이다. 음악에서 8음계를 octave라고 하고 다리가 8개인 문어를 octopus라고 부르는 이유가 여기에 있다. 로마의 황제 중 가장 위대하다고 칭송받는 황제의 실제 이름이 '막둥이' 인 것이다.

팍스 로마나
아우구스투스 통치 시절부터 서기 180년까지 이어지는 기간을 말한다. 군사적 충돌이 아예 없었던 것은 아니지만, 큰 내전이나 외적 침공 없이 태평성대를 유지했다. 그러나 로마의 평화를 유지하기 위해 로마의 식민지는 매우 고통받았다고 한다.

TIP

율리우스 카이사르가 브루투스Marcus Junius Brutus 일당에게 암살을 당한 뒤에 그의 유언장이 공개되자, 로마 시민들은 뜻밖의 내용을 보고 놀랐다. 카이사르가 황제의 지위를 상징하는 자신의 이름을 누이의 외손자인 가이우스 옥타비우스에게 양도한 것이다.

당시에는 전혀 알려지지 않았던 애송이 옥타비우스가 역사의 전면에 등장하는 순간이었다. 하지만 영웅 카이사르가 역시 사람을 보는 안목이 있었다. 옥타비우스는 인물 중의 인물이었다. 그는 정적

안토니우스^{Marcus Antonius}를 물리치고 원로원의 우두머리가 되었다.

옥타비우스가 로마의 초대 황제에 오르고 나자, 원로원 의원들은 황제의 이름이 막둥이라는 사실이 영 마음에 걸렸다. 그래서 '존엄한 자'라는 의미를 가진 Augustus라는 존칭을 바치게 된다. 하지만 아우구스투스는 황제를 의미하는 Caesar 나 존엄한 자 Augustus보다 '시민의 대표'라는 뜻인 Princeps를 생전에 가장 선호했다고 한다. 영어로 왕자를 의미하는 prince의 어원이다.

시민관을 쓰고 있는 아우구스투스 황제

또한 황제의 상징인 월계관보다 떡갈나무 잎으로 만든 시민관을 늘 머리에 썼다고 한다. 스스로를 높이려 하기보다, 자신을 낮춤으로써 존경심을 유발했던 아우구스투스. 은근히 고단수였던 것 같다.

DAY 38

행복한 타히티 원주민의
자살률이 높은 이유는?

오늘의 단어 **이름name**

✦✦✦✦✦✦✦✦✦✦✦✦✦✦✦✦✦✦✦✦✦✦✦✦✦✦✦✦✦✦✦✦✦✦✦✦✦✦✦

사람들이 정말 싫어하는 사람을 떠올릴 때, "그 사람 이름만 들어도 싫어!"라고 한다. 이름조차 입에 올리기 싫은 것이다. 그런데 이 말에는 알고 보면 논리적 모순이 존재할 수도 있다. 이름은 옷 위에 두른 액세서리 같은 부차적 요소가 아니라, 그 사람의 본질 그 자체일지도 모른다는 말이다.

이름은 분신이자 본질이다. 이름도 언어에 속하는 고유명사이므로, 언어의 속성에서 벗어날 수 없다. 우리는 언어를 통해 바깥세상을 인식하고, 언어를 이용해 머릿속에 그 세상을 정리한다. 만약 언어가 없으면 우리는 혼돈의 세상에서 살고 있는 것과 다름이 없다. 즉 이름이라는 언어는 우리가 그 사람을 인식하게 해준다.

이런 예가 있다. 남태평양에는 천국과도 같은 아름다운 섬 타히티Tahiti가 있다. 쪽빛 바다와 야자나무가 늘어진 해변이 있는 지상의 천국 타히티. 그런데 타히티 원주민의 자살률은 매우 높다고 한다. 왜 그럴까?

어떤 인류학자는 그 원인을 뜻밖의 단서에서 찾았다. 타히티 원주민의 언어에는 '슬픔'이라는 단어가 없었던 것이다. 그 학자는 자살률이 높은 이유가 '슬픔'이라는 단어의 부재 때문이라고 보았다.

로마 세베루스 황제Sept-
imius Severus의 명판. 이름
이 아주 많았던 것으로 보
인다.

IMPCAESDIVIMARCIANTONINIPIIFILIVS
DIVICOMMODIFRATERDIVIANTONINEPTI
NEPOSDIVIHADRIANIPRONEPDIVITRAIANI
PARTHICABNEPOSDIVINERVAEADNEPOS
ESTPTIMIVSSEVERVSPIVSPERTINAXAVG
ARABICVSADIABENICVSPPONTIFMAX
TREVNICPOTESTIIIIMPVIIICOSIIET
MARCVSAVRELIVSANTONINVSCAESAR
DEDICAVERVNT

  우리가 잘 알고 있는 격언 중에 "슬픔은 나누면 반이 되고, 기쁨
은 나누면 2배가 된다"는 말이 있다. 슬픔의 원인은 여러 가지가 있
을 수 있지만, 가장 먼저 해야 할 일은 슬픔의 근원을 언어로 표현하
는 것이다. 그런 다음에 위로의 언어를 사용한다면 슬픔의 강도는
줄어들기 마련이다. 그런데 타히티에는 슬픔을 치유할 '슬픔'이라는
말이 없었던 것이다. 언어가 이렇게 중요하다.

  또한 라틴어의 격언 중에는 "Nomen est omen"이라는 말이 있다.
이름이 곧 징조라는 뜻이다. Nomen은 영어로 이름을 뜻하는 name
이고 est는 is, omen은 영어로도 징조의 의미를 가진 omen이다. 어떤
사람의 이름은 그 사람의 모든 것을 내포하고, 동시에 듣는 이의 머
릿속에 그 사람이 떠오르게 하는 징조의 역할을 한다는 뜻이다.

  이제 앞으로 우리는 "그 사람 이름만 들어도"라고 말할 것이 아니
라, "이름을 들으니 그 사람의 본질이 떠올라서"라고 말해야 하지 않
을까?

DAY 39

유노 여신이 돈을 찍어냈다는 게 사실일까?

오늘의 단어 **돈money**

✦✦✦✦✦✦✦✦✦✦✦✦✦✦✦✦✦✦✦✦✦✦✦✦✦✦✦✦✦✦✦✦✦✦✦✦✦✦✦

유노 여신(그리스 신화에서는 헤라 여신에 해당한다)의 남편은 천하의 바람둥이였다. 인간 여성들을 유혹하는 것도 모자라, 미소년까지 넘보았고 심지어는 남자의 몸으로 출산까지 해 보였다. 바로 신들의 제왕 유피테르(그리스 신화에서는 제우스 신)다.

고대 로마에서는 카피톨 언덕에 큰 신전을 세우고 여신 중의 으뜸 신인 유노를 숭배했다. 로마인들은 유노가 사고뭉치인 남편 유피테르에게 현명한 조언을 하는 존재라고 생각하고 그녀에게 '조언자moneta'라는 별명을 붙여주었다. 그리고 유노의 신전에서는 주화를 제조했는데, 주화 속에는 망치, 모루, 펜치, 다이스같이 주화 제조에 필요한 연장들이 새겨져 있었다.

이후 moneta의 의미는 조언자에서 '주화'로 바뀌었고, 중세 프랑스어로 넘어가서 moneie가 된다. 현대 영어에서 돈을 의미하는 money는 이렇게 탄생했다. 지금도 이탈리아에서는 화폐를 나타내는 단어로 moneta를 사용한다.

로마의 신전
고대 로마에서는 신전이 종교적으로 매우 중요했다. 각 신전에는 모시는 신의 조각상을 놓았고 때로는 봉헌물을 바치는 제단도 설치했다. 신전을 관리하고 유지하는 것은 사제들의 주요한 임무였다.

TIP

조언자 유노 여신의 프로필이 새겨진 로마 시대의 주화(왼쪽).

또한 영어는 8세기에 라틴어 moneta를 직접 차용해 mynet, mynt
의 형태를 거쳐 주화를 의미하는 mint라는 단어도 만들었다. 즉
mint와 money는 부모가 같은 이란성 쌍둥이인 셈이다. 참고로 우리
가 자주 사용하는 영어의 monitor란 말도 라틴어로 '충고하다, 경고
하다'라는 의미의 동사 monere에서 유래했다. 지금은 흔히 감시하고
관찰한다는 뜻인 '모니터링하다'의 형태로 가장 많이 사용되고 있다.

돈 이야기가 나왔으니 중세의 화폐 단위에 대해 알아보고 넘어가
자. 현재 유럽에서는 유로를 단일 통화로 사용하는 나라가 많지만
중세에는 나라마다 화폐와 무게의 단위가 달랐다. 그중에서 가장 많
이 사용하는 화폐의 단위는 파운드Pound였는데, 라틴어로 무게를 의
미하는 pondus에서 나온 말이다. 또한 Pound는 다른 말로 Libra라고
표기되었고, 이 말이 프랑스어에 들어가 Livre가 되었다. 그래서 영
국의 파운드를 대문자 L(£)로 표기하는 것이다.

아래 표는 라틴어와 프랑스어, 영어의 화폐 단위 명칭을 비교한
것이다. 유럽 문명의 뿌리는 역시 로마에서 그 기원을 찾을 수 있음
을 확인할 수 있다.

라틴어	프랑스의 화폐 단위	영국의 화폐 단위
리브라Libra	리브르Livre	파운드Pound
솔리두스Solidus	솔Sol, 수Sou	실링Shilling
데나리우스Denarius	드니에Denier	페니Penny

비디오가 그냥 본다는 뜻이라고?

오늘의 단어 **비디오**video

물건의 명칭이나 상표를 보면, 마지막 음절이 알파벳 o로 끝나는 명사들이 많다는 것을 확인할 수 있다. 예를 들면 audio, video, Lego, Volvo 등이다. 혹시 o로 끝나는 말에는 특별한 공통점이 있는 것일까?

로마제국에서 사용하던 라틴어는 동사의 형태가 주어의 인칭과 수에 따라 달랐다. 아마 스페인어나 프랑스어를 배워본 사람들은 이 동사 변화 때문에 고생깨나 했을 것이다. 영어 사용자들은 주어가 3인칭 단수일 때 동사의 현재형에 s가 첨가되는 것을 생각하면 된다.

예를 들어 라틴어로 '보다'라는 뜻의 videre 동사가 인칭별로 어떻게 변화하는지 살펴보자.

video **나는 본다**

vides **너는 본다**

videt **그(녀)는 본다**

videmus **우리는 본다**

videtis **너희는 본다**

vident **그(녀)들은 본다**

위 동사 변화 형태 중에서 우리에게 낯익은 단어가 하나 보인다. 바로 비디오를 뜻하는 video다. 우리가 알고 있는 비디오의 뜻을 라틴어로 풀어보면 '나는 본다'인 것이다. 비디오라는 단어는 1930년대 텔레비전이 발명되면서 생겨난 말인데, 왜 하필 라틴어로 이름을 붙이게 되었을까?

라틴어는 서양 문화의 근간을 이루는 대부분의 제도와 문화 현상을 아우르는 언어다. 서양의 언어 중에서 가장 많은 언어 사용자를 가진 영어 어휘의 30퍼센트가 라틴어에서 유래했고, 나머지 30퍼센트는 프랑스어에서 왔다. 그런데 프랑스어의 절대 다수는 모어인 라틴어에서 왔다.

스페인어도 라틴어의 자식이므로 라틴어는 서양 언어 사용자들의 대부분을 품고 있다. 그러므로 라틴어는 서양인들이 모두 공감할 수 있는 언어라고 말할 수 있다. 모든 문명의 뿌리이니 라틴어를 사용하는 방법만큼 효율적인 것도 없다.

오디오는 라틴어로 '듣다'를 의미하는 audire의 1인칭 현재형으로, '나는 듣는다'라는 뜻이다. 이런 명명법은 제품 브랜드에서도 발견할 수 있다. 자동차 상표인 Volvo는 '나는 굴러간다'라는 뜻이고, 완구 상표 Lego는 '나는 함께 놓는다' 혹은 '나는 조립한다'라는 뜻이다. 현대에 만들어진 발명품에서 수천 년 전 로마인들의 혼이 느껴진다.

라틴어는 브랜드 네이밍의 보고이다. 서구의 기업들은 일찍이 라틴어 브랜드의 효력을 잘 이해하고 있었다.

DAY 41

아베 마리아는 사실 만세 마리아?

오늘의 단어 **만세ave**

동명의 노래 덕분인지 '아베 마리아'라는 말을 모르는 이는 별로 없을 듯하다. 하지만 '아베 카이사르'라는 말은 라틴어와 친숙하지 않은 독자들에게는 낯설 것이다.

라틴어로 '아베'는 인사말의 일종인데, 그중에서도 황제에게 하던 인사다. 그러니 성모 마리아에게 이 존경의 인사를 보내는 것도 어색해 보이지는 않는다. 본래 "Ave!"는 만났을 때 하는 평범한 인사였다. 인사의 대상이 복수라면 "Avete!"가 된다. 또 다른 인사말 중에는 "Salve!"라는 말이 있는데, 영어로 경례를 의미하는 salute의 어원이다.

또한 고대 로마인들은 편지의 첫머리에 "Si vales valeo"라는 말을 자주 사용하곤 했다. 영어로 옮기면 "If you are well, I am well"이 되는데, "네가 잘 지낸다면 나도 괜찮아"라는 뜻이다. 로마인들의 세심한 배려가 느껴지는 인사말이다.

아무튼 '아베 카이사르'로 다시 돌아가자면, 이 문장은 2가지로 해석할 수 있다. 먼저 카이사르라는 이름을 고유명사로 본다면 불세출의 영웅 카이사르에 대한 경배일 테고, 카이사르가 훗날 황제라는 의미의 보통명사가 되었으므로 이 경우 '황제 폐하 만세!' 정도로 번역하면 될 것이다.

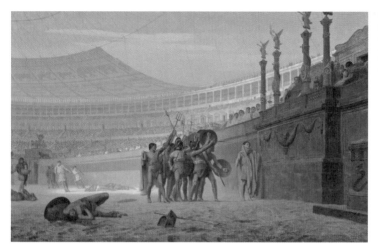
장 레옹 제롬Jean-Léon Gérôme의 1859년 작품 〈카이사르 만세, 곧 죽을 자들이 당신에게 경배를 드립니다Ave Caesar Morituri Te Salutant〉.

사실 이 인사말은 검투사들이 원형 투기장인 아레나arena에 입장한 다음, 연단에 있던 황제나 총독에게 경의를 바칠 때 하던 말이었다. 전체 문장은 다음과 같다. "Ave caesar morituri te salutant(카이사르 만세, 곧 죽을 자들이 당신에게 경배를 드립니다)!"

영화 〈글래디에이터Gladiator〉를 통해 잘 알려진 검투사들은 대부분 노예나 전쟁포로 출신이었다. 그들은 원형 경기장에서 목숨을 걸고 싸웠는데, arena는 당시 경기장 바닥에 뿌려두었던 모래를 의미하는 말이었다. 유혈이 낭자한 경기였으므로 경기장 바닥의 피를 없애려면 모래를 뿌리는 것만큼 효과적인 청소도 없었을 것이다.

고대 로마의 풍자시인 유베날리스Juvenalis는 저서 《풍자시집Saturae》에서 다음과 같이 노래했다. "Mens sana in corpore sano(건전한 정신은 건강한 육체에 깃든다)." 그는 당시 로마의 부패한 사회상을 풍자하기 위해 이 시를 썼다고 한다. 오직 돈과 명예만을 위해 인생을 걸고 싸우는 검투사들을 조롱한 시였던 것이다. '근육질

스파르타쿠스 전쟁War of Spartacus
기원전 73년, 로마에서 스파르타쿠스라는 노예 검투사가 봉기를 일으켰다. 70명 정도의 검투사들로 시작한 봉기가 12만 명 규모로까지 불어나면서 이탈리아 반도 전역을 뒤덮었으나 결국 진압되어 반란군 모두가 몰살당했다. 이 사건을 제3차 노예전쟁 또는 스파르타쿠스의 난으로 부른다.

의 몸에 올리브기름을 바르고 무예에 전념하는 저 멋진 검투사들의 머릿속에 건전한 정신까지 깃든다면 얼마나 좋을까' 생각하며 말이다.

훗날 이 구절은 정신을 뜻하는 mens 대신에 영혼을 의미하는 animus로 바뀌어 인용되기도 했다. 그럴 경우 다음과 같이 바뀐다. "Animus sanus in corpore sano." 각 단어의 첫 자만 따오면 ASICS가 된다. 이 책을 읽는 누군가가 써먹으려고 생각할지도 모르겠지만, 일본의 어느 회사가 이미 상표 등록을 해버렸다.

탤런트는 어떻게 젊은이들의 우상이 되었을까?

DAY
42

오늘의 단어 **탤런트talent**

＊＊

요즘 사람들은 텔레비전에 나오는 연예인에 열광한다. 연예인은 마치 젊은이들의 우상이자 롤모델처럼 여겨지고 있다. 연예인이라는 의미로 사용되는 단어로 탤런트가 있는데, 사실 이 단어는 어원의 뿌리가 의외로 깊다.

탤런트의 어원인 달란트(라틴어로는 talentum, 고대 그리스어로는 τάλαντονν)는 그리스와 중동 지방에서 무게의 단위로 사용되었다. 그리스 아테네에서 1달란트는 26킬로그램, 로마에서는 32.3킬로그램, 이집트에서는 27킬로그램, 바빌론에서는 30.3킬로그램이었다.

달란트에 얽힌 이야기는 신약성경의 마태복음에서도 볼 수 있다.

고대 그리스에서는 이렇게 생긴 항아리에 물을 가득 채워 1달란트(26킬로그램)의 무게를 정했다고 한다.

어느 돈 많은 주인이 3명의 종에게 각각 5달란트, 3달란트, 1달란트의 돈을 주었다. 오랜 시간이 지난 후, 주인은 종들에게 그 돈을 어떻게 사용했는지 물었다. 5달란트와 3달란트의 돈을 받은 종들은 그 돈을 잘 굴려 곱절로 만들었다. 그런데 1달란트를 받은 종은 그 돈을 그냥 땅에 묻어두었다고 대답했다. 그러자 주인은 종의 게으름과 무지를 욕했다.

이후 시간이 지나면서 talent라는 단어에서 돈과 관련된 의미가 사라지고 사람의 내적 자원이나 경제적 자원을 가리키는 뜻이 나타났다. 그리고 지금은 재능, 연예인이라는 매우 친숙한 말로 우리 주변에 정착했다.

그리스 신화에는 이름에 talent가 들어간 신이 등장하는데, 바로 아탈란타 여신Atalanta이다. 아탈란타란 이름은 '남자만큼 능력(재능)이 있는'이라는 뜻이다. 여기에서 말하는 능력은 사냥꾼의 능력이다. 산속에 홀로 버려진 그녀를 달과 사냥의 여신 아르테미스가 길렀으니 어떻게 보면 사냥의 여신이 된 것도 당연하다. 유명한 사냥꾼 오리온에 비유해 '여자 오리온'이라고 할 만큼 재능이 많았다고 알려져 있다.

아탈란타

아탈란타는 태어나자마자 아들이 아니라는 이유로 산속에 버려졌다. 그녀는 처녀신 아르테미스를 섬기고 있었던 데다 만약 결혼하면 동물로 변하게 될 것이라는 신탁을 받았다. 결국 아탈란타는 자신과의 경주에서 이기는 사람과는 결혼하고 지는 사람은 죽이겠다고 공표한다. 수많은 도전자가 죽고 난 뒤 멜라니온이라는 사람이 꾀를 부려 경주에서 이기고 아탈란타와 결혼을 하는 데 성공한다. 그러나 두 사람은 신전에서 사랑을 나누다 벌을 받아 사자로 변한다.

TIP

예수의 고난을 뜻하던 말이 왜 열정이 되었을까?

DAY 43

오늘의 단어 **열정passion**

✦✦

십수 년 전에 멜 깁슨 주연의 〈패션 오브 크라이스트The Passion of the Christ〉라는 영화가 있었다. 예수가 십자가에 매달려 고난을 받는 내용을 다룬 이 영화는 매우 사실적인 묘사를 담고 있어, 관객들이 차마 눈을 뜨지 못하던 장면들도 많았다.

이 영화의 제목에서 우리의 눈길을 끄는 단어를 하나 꼽자면, 흔히 '열정'이라는 뜻으로 알려진 passion이다. 사전에서 passion의 의미를 찾아보면 격정, 격노, 욕정, 열정이 있고 맨 마지막에 예수의 수난이라는 뜻이 있다. 우리가 주로 사용하는 의미는 아마도 4번째 용례일 것이다.

그런데 이 단어가 영어에 처음 들어왔을 때는 의미의 서열이 지금과 같은 순서가 아니었다. 12세기 말 프랑스어 passion이 영어에 들어왔을 때는 그 의미가 5번째 용례인 '십자가 위 예수의 수난'이었다. 물론 프랑스어 passion도 라틴어 passionem에서 빌려온 말이다.

언어의 여행에서는 그 순서보다 여행 과정에서 생겨난 새로운 의미가 더 중요하다. 이후 passion은 순교자의 고통이라는 의미로 확대되었고, 14세기에는 강렬한 감정과 욕망이라는 의미를 가지게 되었다. 우리가 알고 있는 열정이라는 의미도 나중에 추가된다.

하나 더 살펴보자면 영어 문법에서 수동태를 passive form이라고 부르는데, passive도 passion과 같은 뿌리에서 나왔다. 수동적 행위를 한다는 의미가 공통분모라고 할 수 있다.

성경에 따르면 예수는 수난을 받고 골고다 언덕 위 십자가에서 생을 마감했다. 예수의 십자가에는 라틴어로 INRI라고 적혀 있었다. 라틴어로 풀어보면 Iesus Nazarenus Rex Iudaeorum인데, '유대인의 왕, 나사렛의 예수'라는 뜻이다. 예수의 철자가 지금과 같은 Jesus가 아니라 Iesus로 적혀 있는 것을 볼 수 있다. 사실 알파벳 j는 16세기에 프랑스의 인문주의자 피에르 드 라 라메Pierre de la Ramée의 주장에 따라 일반적으로 사용되기 시작한 철자다. 그러니 예수가 살아 있을 시절에는 Iesus로 표기하는 것이 당연했다.

독일의 엘반겐Ellwagen 수도원의 예수 십자가상. 3개의 언어(히브리어, 그리스어, 라틴어)로 "유대인의 왕 나사렛 예수"라고 적혀 있다.

바이킹은 전쟁이라는 말을 몰랐다고?

DAY 44

오늘의 단어 **전쟁war**

✦✦

유럽을 대표하는 민족으로는 게르만족(북유럽, 영국, 독일 등)과 슬라브족(러시아와 동유럽), 라틴족(이탈리아와 프랑스), 켈트족(아일랜드와 스코틀랜드) 등을 들 수 있다. 그중에서 스칸디나비아 반도를 중심으로 모여 살던 게르만족은 혹독한 기후와 척박한 토양, 많은 인구로 인해 다른 나라를 자주 침략하는 호전적인 성향을 가지고 있었다.

그런데 게르만족은 그 호전성에도 불구하고 자신들의 언어에 전쟁이라는 말을 가지고 있지 않았다. 사람을 죽이고 남의 땅을 빼앗는 행위가 굳이 언급할 필요도 없을 만큼 합법적이라서 그랬을까? 하기야 게르만족의 갈래 중 하나인 바이킹의 관습에 따르면, 자신이 남에게 상해를 당하면 그만큼 폭력으로 응징하는 것이 당연했다.

스칸디나비아 반도.

라틴어로 전쟁은 bellum이라고 한다. 그런데 bellum은 '아름다운'이라는 의미의 bello를 연상시켰다. 그런 까닭에 파리를 중심으로 하는 북부 지방의 프랑스어 사용자들은 bellum을 사용하지 않고, 차선책으로 게르만어에서 단어를 빌려왔다. 게르만어로 혼동, 불화를 의미하는 werra가 프랑

스어에 들어간 것이다. bad의 비교급 worse가 werra와 같은 어원에서 나왔다.

그런데 중세 초기의 프랑스어는 지방마다 발음이 달랐다. 노르망디 지방에서는 werra가 그대로 유지되었으나, 파리 지방에서는 guerre로 발음과 형태가 바뀌었다. 스페인어의 guerrila(게릴라, 작은 전쟁)도 guerre와 어원이 같다. 영어에도 본래 전쟁을 의미하는 gewinn(투쟁, 불화, 전투)이라는 말이 있었으나, 점차 프랑스 북부 지방 말인 werre를 차용하게 된다(1050년경). 이후 1066년 노르망디 공 윌리엄이 영국을 정복하면서 werre는 확고하게 자리를 잡는다.

영어에서 전쟁을 의미하는 war의 여정은 게르만어에서 프랑스어로, 다시 영어로 들어가는 과정을 거친다. 그렇다면 그 언어를 사용하는 사람들은 어떤 루트를 통해 이동을 했을까? 먼저 영국에 gewinn이라는 고대 영어를 가져온 민족은 서기 5세기경에 브리튼섬에 들어온 앵글로색슨족이다. 그다음에 영어에 war를 가져온 민족은 프랑스의 노르만족이다. 그렇다면 앵글로색슨족과 노르만족의 여행은 여기서 끝났을까?

제2차 세계대전의 종식을 가져온 노르망디 상
륙 작전은 1,000년 전에 있었던 민족 이동의 데자
뷔라고 말할 수 있다. 노르망디의 오마하 해변Omaha
Beach은 1066년에 윌리엄 공이 유럽에서 군사를 모
아 잉글랜드로 쳐들어갈 당시의 전진 기지였고, 지금도 영국 왕실의
고향이다.

그런데 1944년 노르망디는 독일군, 즉 앵글로색슨족이 점령하고
있었다. 그렇다면 미국을 중심으로 노르망디에 상륙하려는 연합군
의 조상은 누구인가? 1,500년 전에 브리튼섬에 건너갔다가 정착을
한 앵글로색슨족이 아닌가? 정리하자면 노르망디에 상륙하려는 연
합군은 자기 조상들의 후손을 상대로 전쟁을 하고 있었던 것이다.
역사의 수레바퀴는 어디로 굴러갈지 아무도 모른다.

DAY 45

에일리언과 알리바이는
무슨 사이일까?

오늘의 단어 **외계인alien**

로마인들은 로마제국의 변방에 살던 게르만족을 '야만족'이라고 불렀다. 게르만족의 풍습이 정말 야만적이었기 때문이라기보다는 그리스어나 라틴어를 모르는 무식한 족속이라고 경멸하는 뜻이 들어 있었다. 척박한 땅에 살던 게르만족은 호시탐탐 로마제국으로 들어가서 살고 싶어 했다. 당시 로마제국의 군인은 25년 동안 복무를 해야 했는데, 이방인이라도 동일한 기간으로 병역을 마치면 꿈에 그리던 로마 시민권을 받을 수 있었다.

미국 대통령 도널드 트럼프는 alien이라는 말을 좋아하지않을까?

그리고, 역사는 반복된다. 과거 로마제국의 역할을 물려받은 나라는 미국이다. 테러의 공포나 경제적인 압박 때문에 미국이나 유럽으로 이주하려는 외국인들이 늘 넘쳐난다. 80년대에 잠시 미국에 머문 적이 있는데, 어느 한인 교포의 영주권 카드를 보고 깜짝 놀랐다.

이 카드를 보고 놀랐던 것은 alien이라는 단어 때문이었다. SF영화의 명작 〈에일리언Alien〉이 머릿속에 바로 떠올랐다. 사전을 찾아보면 alien의 사전적 의미는 정말 이상한 것 혹은 외국인이고, 1953

년부터는 SF소설에서 외계인이라는 의미로 쓰이기 시작했다. 앞에서 소개한 미국의 영주권에 표기된 alien의 뜻은 미국에 체류하는 외국인인 것이다.

그렇지만 어느 단어가 큰 충격을 준 경우, 그 단어의 의미가 머릿속에 각인되는 법이다. 영화의 이미지가 너무 커서 외국인이라는 의미가 오히려 낯설게 느껴진다. 실제로 alien이라는 말은 외국인에 대한 혐오감을 드러내려는 경우가 아니라면, 외국인이라는 의미로는 일상에서 거의 쓰이지 않는다.

형사 사건에서 자주 인용되는 '알리바이alibi'라는 단어도 마찬가지다. 대체 alien과 alibi에 무슨 관계가 있냐고? 영어 alien의 어원은 프랑스어 alien이다. 현재 영어처럼 이상한, 이방인, 외국인의 뜻을 가지고 있다. 프랑스어 alien은 다시 라틴어 alius에서 왔는데, 그 뜻은 '자신의 것이 아닌 다른 것에 속한'이었다. '사건 현장에 없었음'을 입증하는 alibi는 라틴어로 '다른 장소에'라는 뜻인데, 이 말의 부모도 에일리언처럼 alius다. 결국 에일리언과 알리바이의 공통분모는 '다름'에 있는 것이다.

프랑스 루이 9세의 왕비에서 영국 헨리 2세의 왕비가 된 아키텐의 엘레노어 Eleanor of Aquitaine. 프랑스식 이름은 알리에노르 다키텐Aliénor d'Aquitaine이다. 중세 인물 중에서 그녀처럼 파란만장한 삶을 살다 간 여인은 또 없으리라. 알리에노르란 이름은 'Ali+Aénor'로, 즉 '다른 아에노르'란 뜻이다. 어머니 아에노르Aénor와 구별하기 위해 이름을 이렇게 지었다.

한 사람의 몸값이 연간 예산을 좌지우지한다니!

오늘의 단어 **몸값**ransom

✦✦

중세 유럽에서는 기사들이 자주 전투를 벌였다. 전쟁 없이 평화로운 시기에는 불한당 같은 기사들이 오히려 사회의 안전을 위협하는 골칫거리였다. 전쟁은 기사들이 존재하는 이유이자 명분이다. 그런데 평화가 오면 기사들은 설 자리를 잃게 된다. 그러므로 만약 내부에 평화가 정착되면 전쟁의 명분은 불안한 외부에서 찾아야 한다. 그런 점에서 십자군 원정은 종교적 명분과 실리적 이익을 함께 챙길 수 있던 일거양득의 외교적 결정이었을 것이다.

당시의 전투는 무조건 상대편을 몰살하는 것이 능사는 아니었다. 적을 죽이는 것보다 생포해 몸값을 받아내는 편이 훨씬 이득이 컸다. 역사상 가장 많은 몸값을 치르고 풀려난 군주는 영국의 사자심왕 리처드Richard I일 것이다.

1189년 잉글랜드 왕위에 오른 사자심왕 리처드는 이름처럼 의협심이 많았다. 그는 제3차 십자군 원정에 올랐다가, 원정을 마치고 돌아오는 길에 오스트리아의 레오폴트 공작Leopold V에게 포로로 붙잡혀 신성로마제국의 황제 하인리히 6세Heinrich VI에게 넘겨졌다. 다혈질이었던 리처드가 레오폴트 공작의 깃발을 찢고 모욕한 적이 있어, 그가 앙심을 품고 있던 터였다.

신성로마제국 황제는 리처드의 몸값으로 15만 마르크의 은화를 요구했다. 대략 잉글랜드 왕실의 2년치 수입에 해당하는 금액이었다. 나라를 팔거나 저당 잡히던 중세에 흔히 일어날 수 있던 이야기다. 결국 아들을 끔찍이 사랑했던 리처드의 어머니가 1차로 10만 마르크의 은화를 지불하고 아들을 구해올 수 있었다. 당시 잉글랜드 경제가 상당히 번성했다는 사실을 보여주는 방증이기도 하다.

아주 용맹하고 의로웠다는 리처드 1세. 그러나 왕으로서의 업적은 별로 없다.

돈으로 몸값을 치르는 사례는 중세에 흔히 볼 수 있었지만, 자신의 신체를 제물로 바쳐 대속代贖을 한 경우도 있다. 성경에 나오는 예수의 이야기 말이다. 인류를 대신해 속죄한 행위를 묘사할 때 영어로 redemption이라고 하는데, 이 말은 몸값을 의미하는 ransom과 뿌리가 같다. 두 단어 모두 라틴어 redemptionem에서 나왔다.

같은 뿌리에서 나온 줄기지만 하나는 세속적인 의미의 몸값이 되었고, 다른 하나는 종교적인 의미의 속죄가 되었다. 이렇게 의미가 달라진 것은 ransom의 경우 오랫동안 민중들의 언어 속에서 사용되다 보니 본래의 의미가 축소된 채 굳어버렸기 때문이다. 그러므로 한층 더 숭고한 의미의 대속을 표현하기 위해서는 ransom이 다소 부적절하다고 여겼던 것 같다. 결국 같은 어원에서 다시 redemption이라는 단어를 만들어냈다.

신성로마제국Sacrum Romanum Imperium
10세기 말부터 19세기 초까지 존재했던 유럽 여러 국가의 연합체. 독일의 오토 1세 Otto I가 처음 황제의 관을 수여받으면서 시작되었다. 고대 로마제국의 명성과 위용을 부활시키겠다는 의미에서 그 이름을 따왔으며, 마지막 황제는 나폴레옹에게 패배한 프란츠 2세Franz II였다.

DAY 47 장기 숙박 고객은 호텔로, 단기는 병원으로 가세요!

✦✦

Hotel, hostel, hospital. 모습도, 의미도 비슷해 보이는 단어들이다. 결론부터 말하자면, 이 단어들은 모두 한 부모에게서 나왔다. 라틴어로 hospitale는 숙박을 의미하는 형용사의 명사 형태다. 이 단어가 고대 프랑스어에서는 ostel로 바뀐다. 라틴어에서는 초성 h가 발음이 안 되었기 때문이다. 하지만 나중에 어원의 h를 되살리고, 발음이 안 되는 s를 탈락시켜 오늘날의 hotel이 되었다. 프랑스어에서는 자음 앞의 s가 발음이 안 되었기 때문이다.

이 변화를 좀 더 자세히 살펴보면, 먼저 ostel은 의미상의 변화를 겪었다. 숙박의 형태와 방법에 따라 그 의미가 분화되기 시작한 것이다. 순례자나 환자처럼 단기간만 숙박을 하는 부류가 있었고, 장기간 머무는 부류가 있었다.

1번째 부류의 사람들이 머무는 곳은 구제원 같은 숙박 시설이었는데, 훗날 hospital로 발전한다. 2번째 부류는 장기간 거처를 하는 저택과 임시로 머무는 거처(요즘의 호텔)로 구분할 수 있었다. 그 결과 지금도 프랑스에서는 예전에 권세가 높았던 귀족들이 살던 저택을 hôtel이라고 부르고, 시청도 '도시의 저택'을 의미하는 hôtel de ville이라고 부른다.

이번에는 hotel과 hostel 중 어떤 단어가 더 오래된 말인지 살펴보자. 언어가 변화할 때는 기존에 가지고 있던 소리나 철자의 탈락부터 이루어진다. 그렇다면 라틴어 어원의 모습을 더 잘 보존하고 있는 hostel이 hotel보다 더 오래된 말일 것이다.

실제로 영어에 hostel이 나타난 때는 13세기 초반이고, hotel은 17세기 중반에 이르러서야 영어에 정착했다. 참고로 호스피스hospice도 여행객의 임시거처라는 의미를 가지고 있던 말이지만, 지금은 임종을 앞두고 있는 환자들의 거처로 의미가 바뀌었다.

어디에나 있는 자, 아무 데도 없다

오늘의 단어 **유비쿼터스**ubiquitous

소小 세네카
대大 세네카Marcus Annaeus Seneca의 아들. 정치가, 사상가, 문학가로 유명하다. 네로 황제의 스승으로도 알려져 있다.

로마의 철학자 세네카Lucius Annaeus Seneca는 루킬리우스Lucilius에게 보내는 편지에서 다음과 같이 썼다. "어디에나 있는 자, 아무 데도 없다. 여행을 자주 하는 사람은 많은 사람을 만나지만 진정한 친구는 별로 없다. 마치 책을 대충, 많이 읽는 자들이 위대한 영혼을 갖지 못하는 이치와 같다."

세네카의 말을 현대인에게 적용하자면 다음과 같은 사례를 들 수 있다. 어떤 대학생 A가 있다. 그는 수업이나 모임에 빠지지 않고 참석하지만, 존재감이 별로 크지 않았다. 그러던 어느 날 A가 몸이 아파서 며칠 동안 학교에 가지 못했다. A는 쉬면서 몸을 추스른 뒤 다시 학교에 나갔다. 그런데 급우들은 그가 그동안 오지 않았다는 사실조차 모르고 있었다….

"어디에나 있는 자 아무 데도 없다"의 라틴어 원전은 "Nusquam est qui ubique est"이다. 라틴어 nusquam을 영어로 번역하면 nowhere이고 ubique는 everywhere이다. 우리가 많이 사용하는 유비쿼터스가 ubique에서 나온 말이다. 어디서나 자유롭게 통신망에 접속할 수 있다는 뜻을 가진 유비쿼터스. 그 이력서가 자못 흥미롭다.

유비쿼터스뿐만 아니라 컴퓨터라는 말도 라틴어에서 나왔다. 라틴어 동사 computare는 원래 '셈을 하다'라는 뜻이었다. 초기의 컴퓨터가 계산기에서 만들어졌으니, 컴퓨터라는 말의 어원은 '셈을 하는 기계'라는 뜻이다. 이후 computare 동사는 프랑스어에 compter(계산하다, 발음은 콩테)라는 말을 남겨주었다. 철자가 몇 개 빠진 것 외에는 라틴어 어원과 거의 같다.

그런데 정작 영어에는 count라는 단어가 유입되었다. 이 단어도 중세 프랑스어 conter에서 나온 말인데, 라틴어 computare가 그의 부모다. 모양은 부모와 많이 달라졌다. 세월의 풍파 속에 철자와 발음이 많이 변했기 때문이다.

집 밖에서 원격 난방을 하고, 자동차의 시동을 걸고, 원격으로 진료를 받는 유비쿼터스 시대가 왔다. 그런데 세상은 정말 그만큼 행복해졌을까?

프랑스어로 '짧은 이야기'를 뜻하는 conte(콩트)의 어원도 라틴어 computare다. 중세 프랑스어에서 나온 conte에는 셈을 한다는 뜻 외에 이야기를 한다는 뜻도 있었기에 그런 의미가 생겨난 것이다. 셈을 하는 것과 이야기를 하는 것의 공통점은 무엇일까? 머릿속에서 논리정연하게 정리한다는 점을 들 수 있다. 실제로 프랑스어는 컴퓨터라는 말을 사용하지 않고 '정돈하다'라는 뜻의 ordonner에서 만든 ordinateur라는 말을 사용한다. 라틴어에서 나온 프랑스어가 라틴어를 사용하지 않는 아이러닉한 경우다.

DAY 49

크리스마스를 왜
X-마스라고 하게 된 걸까?

오늘의 단어 **크리스마스X-mas**

✦✦

로마제국이 쇠락의 길로 접어들 무렵에는 무려 4명의 황제가 존재했다. 콘스탄티누스 황제Constantinus I도 그중 1명이었다. 그는 수도 로마를 점령하기 위해 라이벌 막센티우스Maxentius와의 결전을 앞두고 있었다. 밀비우스Milvius 다리에서 최후의 결전을 치르기 전날, 콘스탄티누스 황제는 꿈에서 환시를 보았다. 하늘에 십자가 모양이 나타난 것이다. 황제는 다음 날 병사들에게 방패에 십자가를 그려 넣으라는 명령을 내렸다. 그날 콘스탄티누스의 군대는 막센티우스의 군대를 무찌르고 로마제국을 다시 통일했다.

콘스탄티누스 황제(272~337)
콘스탄티누스 황제, 콘스탄티누스 대제, 성 콘스탄티누스 등으로 불린다. 로마 역사상 첫 기독교인 군주였으며, 기독교 박해를 끝낸 황제다.

TIP

승리를 거둔 콘스탄티누스 황제는 밀라노 칙령을 공포하고 기독교를 공인했다. 그리고 최후의 결전을 치를 때 그려 넣은 십자가의 모양은 기독교의 상징이 되었는데, 라틴어로 라바룸Labarum이라고 부른다.

왼쪽의 기호가 바로 라바룸이다. 영어 알파벳 X와 P를 교차해 만든 것처럼 보이지만, 사실은 그리스 알파벳 X(카이)와 P(로)를 겹쳐 놓은 것이다. 그리스어의 X는 라틴어 Ch의 음가를 가졌으며, P는 R의 음가를 가지고 있다. 그러므로 라바룸을 그리스어 음가대로 옮기면 CHR이 된다. Christ의 이니셜이 이렇게 만들어진다.

라바룸은 길조를 의미하는 그리스어 XPHΣ TON의 이니셜을 합성한 기호였다. 마치 요즘의 별표(*)처럼 중요한 부분에 표시를 할 때 사용하던 기호다. 예수 그리스도의 영어식 표현인 Jesus Christ에서, Christ를 그리스어로 표기하면 XPIΣTOΣ(크리스토스)가 된다. 여기서 처음 2글자인 XP가 라바룸의 기호와 우연히 일치하기 때문에 당시 가톨릭에서 라바룸을 예수의 상징으로 사용하게 되었다는 설도 있다.

지금은 크리스마스카드를 손수 그리는 사람들이 잘 없지만, 예전에는 학창시절에 크리스마스카드를 직접 물감으로 그리곤 했다. 그럴 때면 카드 앞면에 영어로 "Merry Christmas!"라고 멋지게 쓰던 기억이 난다. 이 표현보다 조금 더 간결한 표현이 바로 "Merry X-mas!"다. 우리는 이제 라바룸을 알고 있으니, X의 음가를 적용할 수 있을 것이다. 메리 크리스마스!

DAY 50 | 오른손이 바른손인 이유가 라틴어에 숨어 있다?

오늘의 단어 **오른쪽right**

인간은 태어날 때부터 대부분 오른손잡이일까? 아니면 후천적으로 부모들의 교육에 따라 오른손잡이가 되었을까? 고고학자들은 이 질문에 대한 답을 인류의 조상들에게서 찾으려고 한다.

인류의 조상인 오스트랄로피테쿠스의 유적을 발굴한 고고학자들의 연구에 따르면 그들이 짐승에게 가한 상처의 부위가 대부분 왼쪽이었다고 한다.* 다시 말해 우리의 조상은 오른손으로 돌을 잡아 짐승을 죽였다는 것이다. 하지만 이런 주장을 그대로 받아들여 인류의 조상이 태어나면서부터 오른손잡이였다고 말하는 것은 다소 논리적인 비약이 있어 보인다. 그래도 왜 인간이 자라면 대부분 오른손잡이가 되는가에 대해서는 의문을 가져볼 필요가 있다.

남쪽의 원숭이라는 의미를 가진 오스트랄로피테쿠스를 복원한 모습.

일부 학자들은 대부분의 태아가 엄마 뱃속에서 오른손을 빨고 있다며, 오른손잡이가 선천적이라고 주장하기도 한다. 하지

---

* 다음의 책을 참고했다. 피에르 미셸 베르트랑 지음, 박수현 옮김, 《왼손잡이의 역사》(푸른미디어, 2002).

만 이런 선천성에 가장 큰 영향을 주는 요인은 문화다. 왼손을 금기시하는 문화권일수록 왼손잡이의 비율은 매우 낮다. 이슬람 문화권이 대표적인 예이다. 상대적으로 영미 문화권에서는 왼손잡이의 비율이 높다. 이런 수치는 왼손잡이가 선천적인 인자 외에도 후천적인 인자들에 의해 많은 영향을 받는다는 사실을 뒷받침해주고 있다. 이제 우리는 후천적인 인자들이 각국의 언어에 어떻게 나타나 있는지 살펴보고자 한다.

먼저 대부분의 문화권에서 왼쪽은 좋지 않은 의미를 가지고 있다. 왜 왼쪽은 안 좋은 의미를 가지게 되었을까? 베르트랑은 이에 대해 여러 가지 가설을 소개하고 있지만, 가장 설득력이 있어 보이는 가설은 태양의 운동 방향이 오른쪽과 왼쪽의 명암을 대비시켰다는 것이다. 즉 태양은 동쪽에서 떠서 서쪽으로 지니, 정면인 남쪽을 바라보면 태양이 움직이는 방향은 오른쪽이다. 그러므로 자연스럽게 오른쪽이 이동 방향의 중심이 되었다는 것이다.

자, 이제 인류 문명에 나타난 언어를 중심으로 오른쪽과 왼쪽의 상징성을 비교해보자. 먼저 우리 주변에서 가장 쉽게 접하는 표현 중에 '좌천'이라는 한자 표현이 있다. 직역하면 '왼쪽으로 옮겨간다'라는 뜻인 이 말은 안 좋은 곳으로 옮겨 간다는 뜻이다. 우리 머릿속에 왼쪽이 안 좋은 곳임을 자연스럽게 각인시킨다. 다른 언어에는 어떤 표현이 있을까?

먼저 서양 문명의 두 축 중의 하나인 기독교의 뿌리, 즉 헤브라이즘에 표현된 왼쪽의 의미를 살펴보자. 히브리어로 sem'ol은 왼쪽과 북쪽을, yâmîn은 오른손과 남쪽을 의미한다. 서양인들의 이름 중에

헤브라이즘Hebraism
유럽의 사상은 헬레니즘과 헤브라이즘에서 형성되었다고 할 수 있다. 헤브라이즘은 구약성서, 즉 고대 히브리인의 문화와 사상 및 전통에 나타난 정신을 의미한다.

TIP

Benjamin이란 이름은 '오른손의 아들'이라는 뜻이다. 아라비아 반도 남쪽에 위치한 예멘^{Yemen}은 '남쪽의 나라'라는 뜻이며, 반대로 북쪽에 위치한 시리아는 Sâm이라 불렸는데 Sâm은 불운과 흉조를 의미한다. 혹시 요즈음 시리아가 내전에 휘말려 고통을 받는 이유가 나라 이름과 관련이 있는 것은 아닐까?

라틴어에서도 sinister는 본래 왼쪽을 의미하는 말이었다. '불길한'을 의미하는 현대 프랑스어 sinistre와 영어 sinister가 모두 이 말에서 나왔다. 반대로 라틴어에서 오른쪽을 의미하는 dexter에는 '오른쪽'이라는 뜻과 '자비로운'이라는 뜻이 있다. 왼쪽과는 정반대의 의미가 들어 있는 것이다. dexter가 들어간 라틴어 표현을 보자.

· Libertatem in dextris portatis: 당신의 오른손에 자유가 있다
· Jungere dextras: 오른손을 맞잡다(서로 호감을 나타내다)
· Cedo dextram!: 제발 네 오른손을 줘!

우선권을 양보하라는 도
로 표지판

프랑스어에서 오른쪽을 의미하는 droite는 라틴어의 dexter에서 파생된 어휘는 아니지만 '곧다, 솔직하다'라는 의미를 가진 라틴어 directus에서 파생된 말이다. 그렇지만 droite가 '올바른, 정당한'이라는 좋은 의미로 사용되고 있다는 점은 다른 언어와 비슷하다. 영어에서 right-of-way(우선권), right-thinking(분별력이 있는) 같은 말들도 오른쪽이 가진 좋은 의미를 담고 있다.

프랑스어에서 왼쪽을 의미하는 gauche는 중세 프랑스어 gauchir에서 나왔는데, 이는 '속임수를 쓰다, 옆길로 빠지다, 우회하다'의 의미인 guenchir에서 파생되었다. 프랑스어의 droite가 라틴어의 dexter의 의미를 물려받았다면 gauche는 sinister의 뜻을 그대로 물려받았다.

그 결과 현대 불어의 gauche에는 '비뚤어진, 뒤틀린, 어색한'이라는 의미가 있다.

독일어의 경우도 마찬가지다. 왼손을 의미하는 die linke는 '서툴다'라는 뜻이고 오른쪽을 의미하는 형용사 recht는 '공정한' 등과 같이 영어와 비슷한 의미를 가진다. 명사가 되어 das recht로 사용할 경우에는 영어처럼 권리라는 뜻이 된다.

그 밖의 다른 서양 언어에서도 왼쪽의 의미는 부정적이다.

1. 네덜란드어
· 누군가를 왼쪽에 눕혀놓다^{iemand links laten liggen}(경멸하다)
· 그는 2개의 왼손을 가지고 있다^{hÿ heeft twee linkerhanden}(아주 서툰 사람)
2. 스페인어
· 오른손을 주다^{dar la derecha}(명예를 부여하다)
· 오른쪽에서 아무 일도 하지 않다^{no hacer nada a derechas}(양식에 어긋나게 행동하다)

그렇다면 한국어에서는 어떨까? 오른손의 '오른'이란 말은 동사 '옳다'와 같은 어원이다. '오른'의 고어형이 '올한'인 것을 보면 뿌리가 동일함을 알 수 있다. '오른손'과 같은 의미로서 한국어에는 '바른손'이란 말이 존재하는데 여기에는 다른 언어에서 나타나는 긍정적인 의미가 들어 있다. 왼손의 '왼'은 고어 '외다(그르치다)'에서 파생되었다. 서양 언어에서 흔히 발견되는 오른쪽과 왼쪽의 의미가 한국어에서도 그대로 나타나 있는 것이다. 한국어의 관용구나 속담 등에 나타난 표현을 보자.

· 고개를 외로 돌리다: 고개를 비뚤게 돌리다
· 왼눈도 깜짝 아니한다: 조금도 놀라지 않다
· 왼고개를 젓다: 부정의 뜻을 나타내다
· 왼발 구르고 침 뱉는다: 무슨 일에든 솔선해 나서기는 하지만 곧 꽁무니를 뺀다.
· 왼새끼를 꼬다: 일이 꼬여 장차 어찌 될지 알 수 없다고 걱정하다
· 기역 자 왼 다리도 못 그린다: 매우 무식하다
· 왼소리: 사람이 죽었다는 소문
· 오른팔: 가장 신임받는 사람

오른쪽과 왼쪽이 지니고 있는 의미는 각 언어에서 유사하게 나타난다. 그러나 이러한 유사성이 각 언어의 내재적 특징에 기인한 것은 아니다. 언어의 의미는 내재적인 것이 아니라 관습에 의해서 만들어진 것에 불과하기 때문이다.

파리가 빛의 도시인 이유는?

오늘의 단어 **파리Paris**

✦✦✦

세계에서 가장 많은 관광객이 찾는 프랑스. 그중에서도 수도인 파리는 그야말로 예술의 도시다. 파리를 걷다 보면 오른쪽과 같은 파리 시의 문장을 자주 접하게 된다. 문장 속 그림을 보면 파리를 상징하는 붉은색과 푸른색 바탕에, 1척의 배가 센강의 물결에 흔들리고 있다. 배를 흰색으로 칠한 것은 프랑스 왕실을 상징하는 색깔이 흰색이기 때문이다. 언뜻 프랑스의 국기인 삼색기가 연상되기도 한다.

파리라는 지명은 센강 가운데 있는 시테Cité 섬에 살던 파리지족Parisii의 이름에서 유래했다. 로마의 속주였던 시기에는 라틴어 이름인 Lutetia, 19세기에는 '빛의 도시ville lumière'로 불렸다. 파리의 원주민은 센강에서 고기를 잡던 어부였으므로 파리 시의 문장에도 물결 위에 흔들리는 배가 그려져 있는 것이다.

하단에는 라틴어로 'Fluctuar nec mergitur'라고 적혀 있다. 번역하면 배가 흔들리기는 하지만 가라앉지는 않는다는 뜻이다. '시련은 있어도 절망은 없다' 정도로 번역하면 될 듯하다. 이 명구는 16세기부터 사용되었는데, 1853년 센 주지사 조르주외젠 오스만Georges Eugène Haussmann 남작이 파리 시의 공식 문장으로 확정했다.

역사적으로 파리는 유럽의 수도 같은 도시였다. 로마제국 시절 지금의 프랑스 지역이었던 갈리아Gallia는 이탈리아를 제외한 로마의 속주 중 가장 문명의 수준이 높은 지방이었고, 그 중심에는 파리가 있었다. 이 전통은 중세에도 지속되어 파리의 소르본Sorbonne 대학에 유럽의 지성들이 모여들었다. 네덜란드의 인문학자 에라스뮈스 같은 학자가 대표적 인물이다.

2016년 11월 13일 파리의 극장에서 일어난 테러의 1주기를 맞아 희생자들을 추모하는 의미로 이 문구가 사용되었다. "시련은 있어도 절망은 없다!"

파리는 유럽에서 처음으로 시민 혁명을 통해 군주제를 폐지했으며, 루이 16세를 단두대에서 처형했다. 물론 오욕의 역사도 직접 목격했다. 프러시아와의 전쟁Franco-Prussian War에서 패한 뒤 베르사유궁의 거울의 방에서 빌헬름 1세Wilhelm I가 독일제국 황제로 취임하는 장면을 굴욕적으로 목격해야 했고, 2차 세계대전 때는 프랑스를 점령한 뒤에 에펠탑에 나타난 히틀러를 바라보아야 했다. 그래도 파리는 여전히 2,000년의 역사를, 그리고 그 이후를 묵묵히 지켜보고 있다.

런던은 신이 이끄는 도시다?

DAY 52

오늘의 단어 **런던London**

✦✦

앞에서 파리 시의 문장을 소개했으니 이번에는 파리의 영
원한 라이벌인 영국의 수도 런던의 문장을 소개할 차례
다. 브리튼섬이 로마의 속주였던 때, 런던은 브리타니아
지방(브리튼섬의 로마 시대 이름)에서 가장 규모가 큰 도시
였다. 런던의 라틴어 이름은 Londinium(론디니움)이다.

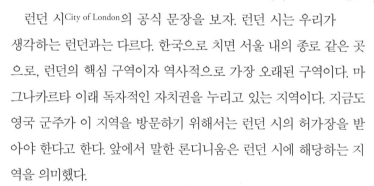

　런던 시City of London의 공식 문장을 보자. 런던 시는 우리가
생각하는 런던과는 다르다. 한국으로 치면 서울 내의 종로 같은 곳
으로, 런던의 핵심 구역이자 역사적으로 가장 오래된 구역이다. 마
그나카르타 이래 독자적인 자치권을 누리고 있는 지역이다. 지금도
영국 군주가 이 지역을 방문하기 위해서는 런던 시의 허가장을 받
아야 한다고 한다. 앞에서 말한 론디니움은 런던 시에 해당하는 지
역을 의미했다.

　파리 시는 센강 위에서 배가 흔들리는 그림이었
지만, 런던 시의 문장은 왕실의 공식 문장처럼 보
인다. 먼저 눈에 띄는 점은 용 2마리가 문장 주변
을 수호하듯 둘러싸고 있는 모습이다. 용의 날개에
그려진 붉은 색 십자가는 뒤에서 설명할(156쪽 참

마그나카르타Magna Carta
대헌장이라고도 쓰인다. 국왕의 권리를 명
시하는 내용이지만, 법으로 왕의 권리나 의
지가 제한받을 수 있다는 사실을 인정하는
문서다. 1215년 영국의 존 왕이 귀족들의
강요를 이기지 못해 서명하고 반포했다. 이
문서는 왕의 권리를 제한하고 귀족(성직자
포함)의 권리를 늘리는 결과를 낳았다.

런던 하면 떠오르는 빅벤과 템스강.

고) 성 조지의 십자가다. 악의 화신인 용이 성 조지로 인해 개과천선한 모습이다.

문장의 가운데에도 잉글랜드의 수호성인인 성 조지의 십자가가 보이고, 왼쪽 위에는 작은 검이 하나 보인다. 이 검은 런던 시의 수호성인인 바오로를 참수한 칼이라고 한다. 런던 시의 문장 꼭대기에는 기사의 투구가 있는데, 그 위에 또 성 조지의 십자가가 그려진 용의 왼쪽 날개가 그려져 있다. 문장 아래 보이는 명문은 라틴어로 'Domine dirige nos'인데, '주여, 우리를 이끌어주소서'라는 뜻이다.

여럿으로부터 하나가 된 나라, 미국

DAY 53

오늘의 단어 **미국United States of America**

✦✦

수천 년의 역사를 가진 유럽의 여러 나라들과는 달리, 미국의 역사는 이제 200여 년이 되었다. 후발 주자인 미국은 내재적 콤플렉스를 극복하기 위해 노력을 거듭했고 정치, 사회, 문화 영역에서 단기간에 눈부신 발전을 이루어냈다. 그렇게 완성된 팍스 아메리카나Pax Americana는 2차 세계대전 이후 지금까지 흔들리지 않고 있다.

미국이 경제, 정치 및 군사 분야에서 유럽을 넘어선 것은 사실이지만, 문화의 영역에서 가지고 있는 열등감을 극복하는 것은 오랜 시간이 걸리는 문제다. 지금 유럽에서는 라틴어의 교육열이 다소 식었지만, 미국의 사립 고등학교에서는 아직도 수석 졸업자가 라틴어로 연설을 한다. 이런 모습은 미국이 문화적인 차이를 극복하기 위해 노력하고 있다는 증거라고 볼 수 있지 않을까?

미국의 수도 워싱턴에 있는 국회의사당.

미국은 연방 국가다. 애초에 다양한 주들이 연합해 탄생한 나라다. 미국의 국장國章에는 흰머리수리와 화살 13개, 올리브 잎 13개, 별 13개가 보인다. 잘 알려진 것처럼 13이라는 숫자는 독립 당시 미국의 주 13개를 상징한다.

국장 안에는 라틴어로 'E pluribus unum'이라는 구절이 보인다. 이것을 직역하면 E pluribus는 여럿으로부터, unum은 하나라는 뜻이다. 오른쪽 5센트 동전의 상단에도 이 구절이 있다. 실제로 미국의 모든 화폐에서 이 구절을 볼 수 있다.

이 구절은 스위스 출신 예술가 피에르 뒤 시미티에르Pierre Du Simitiere가 고안했는데, 헤라클레이토스(고대 그리스 철학자)의 격언 "하나는 모든 것으로 이루어졌고 모든 것은 하나로부터 나온다"에서 영감을 받았다고 한다. 미국의 건국 이념은 평등한 13개 주가 하나의 국가를 이루었다는 것이므로, 이 정신을 기리기 위해 건국 연도인 1776년부터 이 문구를 국가의 문장에 넣어 사용했다. 새로운 전통을 만들기 위해 오래된 전통인 라틴어를 사용한 미국 독립의 아버지들에게 경의를 표한다.

판테온이 간직한 신비한 비밀이 있다고?

오늘의 단어 **판테온Pantheon**

로마의 공화정은 안정적인 정치 체제였지만, 카이사르같이 야심 많은 정치가에게는 다소 비효율적인 시스템일 뿐이었다. 카이사르는 공화제로는 로마의 영토를 효율적으로 운영하기 어렵다고 판단하고, 황제가 다스리는 제정을 도입하려고 했다. 그러나 카이사르의 계획은 그의 양아들인 아우구스투스 때가 되어서야 실현되었다.

> **TIP**
>
> **공화정**
> 여러 명이 공동으로 통치하는 정치 체제로 1명의 군주가 다스리는 군주제와 상반된다. 로마의 공화정은 집정관, 원로원, 평민회로 구성되었는데, 집정관이 2명이었고 원로원은 300명이었으며 평민회에서는 정원 10명으로 호민관을 선출했다. 아우구스투스가 제정을 시행하면서 공화정이 막을 내렸다.

아우구스투스에게는 평생을 함께한 조력자가 있었다. 그의 이름은 로마의 장군 마르쿠스 빕사니우스 아그리파Marcus Vipsanius Agrippa로, 흔히 아그리파라고 불린다. 아그리파는 평생 변함없이 아우구스투스를 보필했다.

아그리파는 카이사르가 암살된 뒤에 벌어진 내전에서 아우구스투스를 도와 정적 안토니우스를 제압하는 데 결정적인 공을 세운다. 훗날 아우구스투스가 황제 지위에 오르자 그의 무남독녀 율리아Julia와 결혼해 황제의 사위가 되기도 한다. 이후 아우구스투스 집안에서 나온 황제들인 칼리굴라Caligula와 네로에게 그는 조부이자 증조부가 된다.

한눈에 장군의 기운이 느껴지는 아그리파의 대리석 흉상. 석고 소묘의 단골 모델이다.

아그리파는 아우구스투스의 전폭적인 신임을 받아 로마 공화정의 최고 실력자인 집정관을 3번이나 지냈다. 그는 집정관 시절에 로마 시민들에게 당대 최고의 건축물을 선물했는데, 바로 지금도 남아 있는 판테온Pantheon이다. Pan이라는 말은 그리스어로 '모든'을 뜻하고, theon은 '신'을 뜻하므로 판테온은 만신전(모든 신을 모시는 곳)으로 번역된다. 다신교였던 로마 사람들에게는 이런 신전이 필요했을 것이다.

판테온은 기원전 27년, 당시 로마의 집정관이었던 아그리파의 명으로 세워졌다. 이후 여러 번 화재가 발생했는데, 지금의 판테온은 하드리아누스 황제 때(서기 125년)에 복원된 것이다.

이 건물의 정면을 보면 라틴어 문구가 음각되어 있는 것을 볼 수 있다. 문구를 옮겨보면 'M·Agrippa·L·F·Cos·Tertium·Fecit'인데, 왠지 글자가 빠진 느낌이 든다. 생략된 철자를 넣어보자. "Marcus Agrippa

판테온의 내부에는 43.3미
터의 구가 정확히 들어갈
공간이 있다. 돔의 무게를
줄이기 위해 내부를 파냈
고, 무거운 석재 대신 콘크
리트를 사용했다. 2,000년
전에 로마인들은 이미 콘
크리트를 사용해 건물을
지었던 것이다.

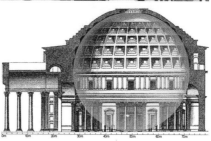

Lucii Filius Consul Tertium Fecit"이 된다. 단어들을 하나하나 번역하면 이런 뜻이다. "마르쿠스 아그리파, 루키우스의 아들, 집정관 3번째에 만들었다." 즉 루키우스의 아들인 마르쿠스 아그리파가 3번째 집정관을 지낼 때 이 신전을 만들었다는 의미인 것이다. 평생 자신의 주군인 아우구스투스를 도왔던 아그리파 장군은 이렇게 훌륭한 로마의 건축물까지 후손들에게 남겨주었다.

베르사유궁전에 새겨진 루이 14세의 모토는?

DAY
55

오늘의 단어 **루이 14세Louis XIV**

✦✦

인류가 밟아온 역사의 대부분은 왕조의 역사라고 해도 과언이 아니다. 유사 이래 각국에는 많은 왕들이 나와 나라를 흥하게 하기도 했고, 역사를 거꾸로 돌려놓기도 했다.

프랑스에서는 루이 14세만큼 역사에 큰 발자취를 남긴 왕도 없을 것이다. 루이 14세는 5살 때 왕위에 올라 77살에 세상을 뜨기까지, 무려 72년 동안이나 왕좌에 있었다. 생전에 많은 전쟁을 일으켜 민중들의 삶을 고통 속에 빠뜨렸지만, 프랑스를 유럽의 패자覇者로 올려놓은 군주라는 사실에는 틀림이 없다. 백과사전에서 흔히 볼 수 있는 태양왕의 모습 말고, 어린 시절의 루이 14세는 어땠을까?

앞에서 본 왼쪽 그림은 로마 장군의 복장을 하고 있는 소년 루이 14세의 모습이다. 역시 어린이는 모두 착하고 순수하다. 그림 속 루이 14세의 얼굴에서는 영토를 확대하기 위해 끊임없이 민중을 전쟁터로 내몰았던 군주의 모습은 상상도 할 수 없다. 역시 사람은 주변의 환경에 따라 변하기 마련인가 보다. 루이 14세의 모습이라고 가장 잘 알려진 오른쪽의 그림을 보면 어느새 순수하던 소년은 완고한 노인으로 변해 있다.

루이 14세에 대해 이야기하라고 하면, 가장 먼저 머릿속에 떠오르는 것이 하나 있다. 바로 유럽 최대의 궁전인 베르사유궁전이다. 궁전의 화려함을 가장 잘 보여주는 곳은 '거울의 방'이다. 거울의 방은 길이가 73미터, 폭이 10.5미터였으며 이 방에만 대형 창문 17개에 거울이 357개 있었다. 수많은 거울이 빛을 반사해 더욱 화려한 분위기를 자아낸다. 17세기 프랑스의 귀족들은 일생에 1번이라도 이 방에서 춤을 추고 싶었을 것이다.

위의 사진은 거울의 회랑 천정에 그려진 태양왕 루이 14세의 얼굴이다. 그의 머리 위에는 백합꽃 문양의 장식이 붙어 있는 왕관이 있고, 그 위에는 왕의 모토가 보인다(모토는 좌우명 같은 문구를 말한다). 루이 14세의 경우 라틴어로 'Nec pluribus impar'라고 적혀 있는데, 직역하면 'Not unequal to many (suns)'다. 즉 '나는 다른 태양(왕)들과 같지 않다!'라는 뜻이다. 역시 태양왕답다.

하지만 산이 높으면 골이 깊은 법이라고, 태양왕의 일생도 행복하지만은 않았다. 그의 아들 중 장남인 루이 드 프랑스Louis de France는 루이 14세보다 4년 먼저 50세의 나이로 세상을 떠났으며, 손자마저 할아버지보다 3년 먼저 30세의 나이로 세상을 떠났다. 결국 루이 14세의 뒤를 이은 루이 15세는 아들이 아니라 증손자다.

프랑수아 1세가 도마뱀을 좋아했다고?

오늘의 단어 **불을 끄다**extinguish

✦✦✦

베르사유궁에 가보면, 도처에서 루이 14세의 머리글자 L을 볼 수 있다. 유럽에서 가장 화려한 궁전을 소유했던 군주의 흔적이 아직도 남아 있는 것이다. 루이 14세만큼이나 프랑스의 절대 군주로 언급되는 나폴레옹은 루이 14세의 자취가 너무 많이 남아 있는 베르사유 궁전을 별로 좋아하지 않았다고 한다. 그래서 그는 파리 근교의 퐁텐블로Fontainebleau성을 자주 찾았다.

루이 14세가 등장하기 전 프랑스를 대표했던 강력한 군주를 꼽으라면 역시 프랑수아 1세François I를 빼놓을 수 없다. 그는 16세기 초반 프랑스의 문예부흥을 이끌었던 군주로, 프랑스를 강력한 국가의 반열에 올려놓았을 뿐만 아니라 예술에도 조예가 깊었다. 그는 루아르Loire강가에 아름다운 샹보르Chambord성을 세웠는데, 그 규모가 엄청날 뿐만 아니라 건축학적으로도 빼어난 자태를 뽐낸다.

50만 제곱킬로미터의 광활한 숲에 둘러싸인 샹보르성은 루아르 강가에 위치한 성 중에서 규모가 가장 크며, 1981년에 유네스코 세계문화유산으로 등록되었다. 성에는 아직도 프랑수아 1세의 흔적이 도처에 남아 있다. 다음 사진 속 천장을 보면 프랑수아 1세의 상징인 불도마뱀과 이니셜 F가 있다.

샹보르성은 천재 예술가 레오나르도 다빈치Leonardo di ser Piero da Vinci
와도 연관이 있다. 프랑수아 1세는 1515년 이탈리아의 밀라노 원정에
서 돌아온 뒤에 다빈치를 프랑스로 초빙해서 그에게 앙부아즈Amboise
의 클로뤼세Clos Lucé성(프랑수아 1세가 유년기를 보낸 성)을 하사했다. 다
빈치는 노새를 타고 알프스를 넘어와 이 성에서 기거하곤 했다.

이때 다빈치가 가져온 그림 중에 그 유명한 〈모
나리자〉(프랑스에서는 〈라조콩드La Joconde〉로 부른다)가
포함되어 있었다. 프랑수아 1세는 다빈치에게 클
로뤼세성을 하사하면서 "레오나르도, 당신은 이제
여기에서 마음대로 꿈꾸고 생각하고 일할 수 있을
것이다"라고 말했다고 한다.

다빈치는 샹보르성의 공사가 시작된 지 몇 해 되지 않아 세상을
떠났지만, 성을 설계할 때 그가 밑그림을 그렸을 것이라는 의견이
많다. 그중에서도 내성 안에 있는 나선형 이중 계단만큼은 다빈치
가 설계했을 것이라는 의견이 정설이다.

투르Tours 근처에 있는 아제르리도Azay-le-Rideau성
도 프랑수아 1세가 축조한 것이다. 성의 거실에 있
는 벽난로 위에 도마뱀이 조각되어 있는데, 샹보
르성의 내성 천정에서 봤던 그 동물이다. 이것은
전설 속에 등장하는 불도마뱀이다. 프랑수아 1세
는 왕위에 오르기 전부터 자신의 마스코트로 이
불도마뱀을 사용했다고 한다.

불도마뱀 뒤에는 프랑수아 1세의 모토가 새겨
져 있다. 라틴어로 'Nutrisco et extingo'라고 적혀
있는데, 번역하면 '나는 (좋은 불은) 키우고 (나쁜 불

레오나르도 다빈치(1452~1519)
이탈리아의 천재 예술가. 르네상스 인간의
전형으로, 미술, 조각, 과학 등 다양한 분야
를 아우르는 재능을 가지고 있었던 것으로
유명하다. 〈모나리자〉, 〈최후의 만찬〉, 〈암굴
의 성모〉 등 수많은 유명한 작품을 남겼다.

TIP

내성에 있는 나선 계단. 이
것은 겹치지 않으면서도
나선형의 구조를 하고 있
는데, 계단을 올라가는 사
람과 내려가는 사람이 서
로 만나지 않게 되어 있다.
사람들이 신속하게 이동
할 수 있도록 고안한 계단
이지만, 왕의 정부들이 오
가면서 서로 마주치지 않
게 하기 위해서라는 설명
도 있다.

은) 끈다'라는 의미다. Nutrisco는 영어로 영양을 뜻하는 nutrition의 어원이고, extingo는 '불을 끄다'라는 의미를 가진 extinguish의 어원이다.

그런데 모토에서 말하는 좋은 불과 나쁜 불은 무엇을 의미할까? 불에는 음식을 익히거나 난방을 해주는 좋은 불이 있고, 인명을 살상하는 나쁜 불이 있다. 왕은 백성을 따뜻하게 하는 불은 키워주고, 백성의 목숨을 앗아가는 불은 꺼버려야 한다는 의미일 것이다. 조금 더 확대해석을 하면 좋은 사람들은 격려하고 나쁜 사람들은 징벌한다는 뜻으로도 볼 수 있다.

DAY 57 잉글랜드 왕실에 사념을 품으면 벌을 받는다!

오늘의 단어 **가터 훈장**Order of Garter

✦✦

유럽 왕실의 문장은 대부분 라틴어로 장식되어 있다. 그런데 아래 왼쪽의 영국 왕실 문장을 보자. 문구가 프랑스어로 적혀 있다. 왜 그 럴까?

가장 하단에 있는 문구인 'dieu et mon droit'는 사자심왕 리처드 가 사용했다는 모토로, '신과 나의 권리'라는 뜻이다. 가운데 파란 벨트에 보이는 문구는 'honi soit mal y pense'인데, 에드워드 3세가 '잉 글랜드 왕실에 사념(그릇된 생각)을 품은 자는 벌을 받게 된다'는 뜻 으로 했던 말이다.

　여기에서 만들어진 것이 오른쪽 그림인 가터 훈장Order of Garter이다. 가터 훈장은 에드워드 3세가 창시한 잉글랜드 기사단의 훈장이자,

영국 연방의 최고 훈장이다.

가터 훈장은 에드워드 3세와 그의 애첩 사이의 일화에서 만들어졌다는 설이 유력하지만, 이번에는 다른 일화를 소개하겠다. 주인공은 잉글랜드의 수호 성인인 성 조지다.

지금으로부터 1,800년 전, 이스라엘의 리다Lydda에서 게오르기우스 Georgius라는 아이가 태어났다. 그의 부친은 로마 군인이었으며 아들을 씩씩한 청년으로 키웠다. 어느 날 게오르기우스는 백마를 타고 리비아의 한 마을을 지나고 있었는데, 마침 마을에 무서운 용이 나타나 가축들을 모두 잡아먹고 있었다. 게오르기우스는 신의 도움으로 용을 죽이고 마을을 구했으며, 주민들은 모두 기독교로 개종했다.

십자군 원정에 나선 사자심왕 리처드는 기사들의 수호신인 성 조지(로마 이름 게오르기우스)가 자신의 군대를 지켜준다고 믿고 있었다. 그래서 전장에 나갈 때 기사들의 다리에 성 조지의 깃발을 그린 끈을 묶게 했다. 그렇게 하면 신이 군대를 보호하고 승리를 선물할 것이라고 믿었던 것이다. 훗날 14세기에 에드워드 3세는 리처드 왕의 전통을 따라 성 조지의 보호를 받는 가터 훈장을 만들었다고 한다.

위 그림이 성 조지의 십자가다. 성 조지는 잉글랜드의 수호성인이며, 유니언 잭에서 잉글랜드를 상징하는 깃발이 바로 성 조지의 십자가다. 아래 사진은 용을 죽이는 성 게오르기우스 상이다.

엘리자베스 1세는 왜
국가와 결혼했다고 말했을까?

오늘의 단어 **엘리자베스 1세Elizabeth I**

옛날 옛적에, 엘리자베스라는 처녀가 있었다. 엘리자베스의 어머니는 아들을 못 낳는다는 이유로 간통죄를 뒤집어쓰고 참수형을 당했고, 아버지의 전처는 엘리자베스의 어머니로 인해 화병을 얻어 세상을 떠났다. 아버지의 5번째 부인은 불륜으로 참수당했는데, 그녀는 엘리자베스의 외사촌 여동생이었다. 게다가 엘리자베스는 사생아라고 낙인이 찍혀 쫓겨난 상태였다. 그런데 아버지의 전처가 낳은 딸이 아버지의 지위를 이어받았다. 엘리자베스의 운명은 어떻게 될까?

이 엘리자베스가 바로 영국을 강대국의 반열에 올려놓은 엘리자베스 1세 여왕이다. 아버지는 영국 역사상 가장 결혼을 많이 한 헨리 8세고, 전처는 스페인 아라곤의 여왕 캐서린Catherine of Aragon이며, 전처의 딸은 메리 여왕Mary I이다. 그리고 5번째 왕비는 캐서린 하워드Catherine Howard다.

여러분이 엘리자베스 1세의 입장이었다고 가정해보자. 그녀의 어머니인 앤 불린Anne Boleyn은 1,000일 동안 여왕 자리에 있었으나 아들을 못 낳아 죽임을 당하고 만다. 게다가 헨리 8세에 이어 왕위에 오른 메리 여왕의 별명은 '피의 메리Bloody Mary'였다. 사약을 받아 죽은

캐서린 하워드
3번째 왕비의 하녀로 일하다 헨리 8세의 눈에 띄었다고 한다. 당시 10대 소녀에 불과했으며 왕은 중년이었다. 왕비가 되기 전부터 다수의 남성과 불륜을 저질렀으며, 결국 간통죄로 런던탑에서 참수 당했다.

TIP

연산군의 생모 폐비 윤 씨가 생각난다. 메리 여왕은 가톨릭이었던 캐서린의 영향을 받아 신교도들을 무자비하게 탄압했다고 한다. 그런 와중에 엘리자베스의 처지는 어땠을까?

엘리자베스 1세가 평생 좌우명으로 삼았던 라틴어 명구는 'Video et taceo'였다고 한다. 앞에서 배운(112쪽 참고) 라틴어 video는 '나는 본다'는 뜻이지만 영어의 see 동사처럼 '나는 안다'라는 뜻으로도 쓰일 수 있다. 또한 taceo는 침묵하고 가만히 있는다는 뜻이다. 그러므로 이 문장은 '나는 알지만 말하지 않는다'는 뜻이다. 어린 시절에 생과 사의 고비를 수없이 넘긴 자신의 운명을 이보다 더 정확하게 표현한 말이 있을까? 그녀는 어머니 앤 불린을 죽인 헨리 8세의 눈을 피해 숨죽이며 살았을 것이다. 게다가 메리 여왕의 복수가 두려워 늘 일거수일투족을 극도로 조심했을 것이다.

엘리자베스 1세가 평생 독신으로 결혼을 하지 않은 것은 사실이지만, 그녀는 헨리 8세의 3번째 왕비 시모어의 남동생과 추문에 휩싸인 적이 있었다. 시모어는 엘리자베스에게 청혼했지만 공주에게 왕실의 허락 없이 청혼했다는 이유로 처형을 당하고 만다. 아마도 그녀는 이 사건으로 평생 결혼하지 않겠다고 다짐했을지도 모르겠다. 특히 아버지 헨리 8세가 6번이나 결혼을 했는데 2명의 왕비는

남자에 대한 환멸을 느낀 엘리자베스 1세의 유일한 사치는 보석이었다. 미국의 버지니아주Virginia가 처녀 엘리자베스 1세에게 바쳐진 땅이다.

참수되었고, 2명은 각각 출산과 화병으로 사망했으며, 1번의 결혼은 취소되었고 마지막 왕비만 헨리 8세의 임종을 지켜보았으니 엘리자

베스의 눈에 남자는 '잔인한 호색한'으로 각인되었을 것이다.

엘리자베스 1세는 "나는 국가와 결혼했다"라고 말하며 평생 신하들이 자신과 국가에 충성을 다하도록 했다. 비록 엘리자베스 1세가 개인적으로는 불행한 삶을 살았을지 모르지만, 당대 최강국인 스페인의 무적함대를 격파한 것도 그녀의 치세하였다. 이 승리를 계기로 스페인은 몰락의 길을 걷게 되고 영국은 유럽의 강대국으로 발돋움하게 된다. 그녀의 후손인 빅토리아 여제 때도 영국이 세계를 제패하지 않았는가? 그리고 지금도 영국에서는 여왕의 시대가 계속되고 있다.

영국 왕실의 계승자는 독일인이다?

오늘의 단어 **웨일스의 왕자**Prince of Wales

★★

공식적으로 영국의 황태자는 웨일스의 왕자라고 불린다. 스코틀랜드 왕국이 잉글랜드에 합병되기 이전에, 가장 큰 왕국은 웨일스 왕국이었기 때문에 그런 호칭이 붙었을 것이다.

영국 황태자의 공식 문장을 보면 영국 왕실의 문장과 똑같은 그림인데, 맨 아래 들어가 있는 문구만 다르다. 그런데 이 문구가 뜻밖에도 '나는 봉사한다'라는 뜻의 독일어다. 영국 왕실의 문장에 프랑스어가 사용된 것은 노르망디의 윌리엄 공이 1066년에 잉글랜드를 정복했기 때문이라고 앞에서 언급한 바 있다. '웨일스의 왕자'라는 공식 호칭은 에드워드 1세가 1282년 웨일스 왕국을 병합하고 나서부터 사용되었다. 이후 이 호칭은 통합된 영국의 계승권자를 의미하게 되었다. 황태자의 문장에 독일어가 적힌 것은 무슨 연유일까? 이 이야기의 뿌리도 멀리 중세 잉글랜드까지 가야 한다.

100년 전쟁이 한창이었던 1346년의 일이다. 양국은 프랑스의 크레시Crécy에서 최후의 결전을 벌이고 있었다. 전투는 불리했던 영국군의 역전승으로 끝이 났다. 그런데 이 전투에서 전사한 제후 중에 지금의 체코, 즉 보헤미아의 왕이었던 장님 왕 얀 John the Blind 도 있었다.

장님 왕 얀은 룩셈부르크 백작이자 신성로마제국의 황제인 하인리히 7세의 아들로 태어났다. 그는 프랑스풍의 교육을 받으며 자랐는데, 외조모가 루이 9세의 딸이었기 때문이다. 이후 신성로마제국 황제의 계승자로서 보헤미아 왕국도 물려받았으나 왕국의 통치에는 별 관심이 없었고, 보헤미아인들도 그를 그리 좋아하지 않았다.

100년 전쟁에서 프랑스 편으로 전쟁에 참여한 얀은 당시 이미 질병으로 인해 시력을 잃은 상태였다. 그럼에도 전투에서 장렬히 싸우다가 목숨을 잃었다. 그의 투구 위에는 긴 깃털이 꽂혀 있었고, 독일어로 '나는 봉사한다'라는 문장이 쓰여 있었다.

크레시 전투에서 대승을 거둔 영국의 흑태자 에드워드는 얀의 투구에 적힌 이 문구를 자신이 사용하기 시작했다. 이후 영국의 황태자들은 이 독일어 문구가 적힌 문장을 유지하게 된 것이다. 장님 왕 얀이 무자비한 중세의 전투에 참전해서 어떤 일을 겪었을지 생각해 보면 저절로 머리가 숙여지고, 그의 용기에 경의를 보내고 싶어진다.

네덜란드 축구 팀은 왜 오렌지 군단이라고 불릴까?

오늘의 단어 **오렌지**orange

✦✦

네덜란드의 축구 열기는 대단하다. 인구도 많지 않은데 월드컵에서 준우승만 3번을 한 축구 강국이다. 네덜란드의 축구 국가대표 팀은 '오렌지 군단'이라고 불린다. 실제로 유니폼 색깔도 오렌지다. 생각해보면 조금 이상하다. 네덜란드에서 오렌지가 많이 생산되는 걸까? 다시 시간을 거슬러 올라가보자.

네덜란드 왕실의 공식 문장을 보면 영국 왕실처럼 사자가 있는데 그 수가 더 많다. 특이한 사실 하나는 문장 안에 적힌 문구가 라틴어도 영어도 아니며, 모국어인 네덜란드어도 아니라 '나는 지킬 것이다(네덜란드의 독립을)!'라는 뜻의 프랑스어 'je maintiendrai'다. 네덜란드는 또 무슨 이유에서 프랑스어를 사용했을까? 더욱이 네덜란드는 나폴레옹 시대에 프랑스에 병합까지 되어 나라 자체가 유럽의 지도에서 사라진 적도 있지 않은가?

오른쪽 그림은 네덜란드의 아버지로 불리는 오랑주 공 윌리엄이다. 그렇다. 오렌지가 아니라 프랑스어이니 '오랑주'로 읽어야 했던 것이다. 오랑주 공이라면 오랑주

TIP

합스부르크 가문 Haus Habsburg

유럽에서 가장 큰 영향력을 발휘했던 가문 중 하나. 독일의 남부 지방에서 탄생했지만 점점 커지면서 신성로마제국의 황제 자리까지 들어쥐게 되었다. 합스부르크 가문은 유럽의 거의 모든 왕가와 결혼으로 연결되어 있었다. 오스트리아에서는 6세기 동안이나 합스부르크 가문이 왕위를 독점했다.

공국이 있었던 것일까? 오랑주 공국은 프랑스의 프로방스 지방에 있던 공국이다. 이 지역은 12세기에 부르고뉴Bourgogne 공국의 지배하에 있었는데, 당시 부르고뉴 공국은 신성로마제국의 땅이었다.

이제 역사의 퍼즐을 하나씩 맞출 수 있게 되었다. 네덜란드는 중세에 신성로마제국의 지배를 받는 나라였으니, 지리적으로 멀리 떨어진 프로방스의 오랑주 공국이 왜 네덜란드와 관계가 있는지 그 이유가 분명해진다.

16세기, 오랑주 공이었던 윌리엄은 지배자 스페인에 맞서서 네덜란드의 독립을 쟁취했다. 당시 신성로마제국의 합스부르크 왕가에서 스페인 왕가가 분가하면서 네덜란드가 스페인의 지배를 받고 있었던 것이다. 그렇다면 지금도 남프랑스에 남아 있는 오랑주 시는 또 어떤 관계일까?

현재 남부 프랑스의 도시 오랑주의 문장. 위에 놓인 호른은 오랑주 공국의 문장이고, 오랑주 시의 문장에는 오렌지 그림이 첨가되었다.

남프랑스 오랑주 시의 이름은 켈트족 신의 이름인 아라우지오Arausio가 중세 프로방스어에서 오레냐Aurenja가 되면서, 나중에 오랑주로 바뀐 것이다. 그러다가 이 지방이 오렌지의 보급지가 되면서 자연스럽게 오랑주 시와 오렌지가 연결되었다. 결국 오렌지 군단은 오랑주 공국의 이름에서 유래한 것이고 과일과의 인연은 그 이후의 일이다. 언어의 여행은 역사, 문화, 지리 등 거치지 않는 곳이 없다.

A. E. I. O. U.로 주문을 외워봐!

오늘의 단어 프리드리히 3세Friedrich III

✦✦✦

유럽의 역사를 왕실의 흥망성쇠라는 관점에서 본다면, 2개의 왕실이 유럽을 수백 년 동안 지배했다고 해도 과언이 아니다. 하나는 17세기 유럽을 호령했던 프랑스의 부르봉 왕가House of Bourbon, 다른 하나는 많은 국가를 통합해 통치했던 오스트리아의 합스부르크 왕가다.

부르봉 왕조가 987년 성립된 카페 왕조Capetian dynasty에 기원을 둔 왕조인 것에 비해, 합스부르크 왕가의 탄생은 다소 의외다. 합스부르크 왕가는 스위스의 작은 산악 지역을 통치하던 백작 루돌프 1세Rudolf I가 1273년에 신성로마제국의 왕으로 선출되면서 역사의 전면에 등장하기 시작했다. 이후 1452년에 신성로마제국의 왕이었던 프리드리히 3세는 로마에서 교황이 직접 집전하는 가운데 신성로마제국의 황제에 오른다.

부르봉 가문
유럽의 귀족 가문 중 하나인 카페 가문의 방계. 16세기 말 앙리 3세가 죽고 왕위 계승권이 앙리 4세에게 넘어가면서 부르봉 왕가의 전성기가 시작되었다. 이후 17세기의 프랑스는 종교 전쟁이 끝나고 절대주의 왕정이 등장했으며 국가가 안정되었다. 그러나 18세기에 절대왕정에 대한 문제가 제기되며 프랑스 대혁명이 일어났고, 1848년 2월 혁명으로 부르봉 가문의 지배가 끝났다.

TIP

다음의 그림들 중 왼쪽이 신성로마제국의 프리드리히 3세다. 합스부르크 왕가의 가족 병인 돌출 턱이 약간 보인다. 오른쪽 그림은 황제의 책을 장식한 모노그램이다. 이 A. E. I. O. U.라는 모노그램은 로마 알파벳의 기본 모음 5글자로 구성되어 있다. 프리드리히 3세는 비

밀 의식을 행하는 종교 같은 것들에 빠져 있었는데, 이런 모노그램에도 심취했다고 한다. 그렇다면 A. E. I. O. U.는 대체 무엇의 약자일까?

먼저 라틴어로 풀어보면 'Austria est imperio optime unita(오스트리아는 가장 강력한 통일 제국이다)', 또는 'Austria erit in orbe ultima(오스트리아는 세상에서 최후의 국가, 즉 가장 오래 남는 국가다)'라는 뜻이 될 수 있다. 'Austriae est imperare orbi universo(오스트리아는 전 세계를 지배할 것이다)'로도 번역할 수 있다.

생전에 프리드리히 3세는 이 모노그램을 식기, 가구를 비롯해 거주하는 성의 도처에 써놓았다고 한다. 그래서였을까? 오스트리아를 중심으로 팽창한 합스부르크제국은 결국 유럽의 대부분을 지배하지 않았던가?

로마 곳곳에서 보이는 S. P. Q. R.은 대체 무슨 뜻일까?

오늘의 단어 **S. P. Q. R.**

✦✦

인류 역사상 가장 위대한 제국 중 하나를 건설한 로마인들은 공화정을 정치의 꽃으로 보았다. 처음에는 로마도 왕정에서 출발했지만, 로마인들은 공화정Res publica(영어 republic의 어원)이라는 민주적인 정치의 틀을 만들어냈다고 할 수 있다.

왕을 의미하는 Rex라는 단어는 거의 금기어가 되다시피 했다. 카이사르가 비대해진 공화정을 황제가 통치하는 제정으로 바꾸려고 했지만, 브루투스 일파에 의해 암살되고 말았다는 사실은 제정에 대한 로마 원로원의 거부감이 엄청났다는 사실을 잘 보여준다.

콜로세움 바로 옆에 있는 포럼에 세워진 티투스의 개선문Arch of Titus에는 로마를 운영하던 주역들이 누구인지 쓰여 있다. 군인 황제 베스파시아누스Vespasianus의 아들인 티투스는 로마 시민들의 큰 기대를 받고 황제 자리에 올랐으나 요절하고 만 비운의 황제다. 개선문의 상부에는 다음과 같은 라틴어 문구가 음각되어 있다.

SENATVS

POPVLVSQVEROMANVS

2번째 줄까지만 적은 것이다. 일단 띄어쓰기부터 하고 보자. 단어
별로 띄어보면 SENATVS POPVLVSQUE ROMANVS다. 로마 시
대에는 대문자 U가 없었기 때문에, V가 지금의 U라고 생각하면 된
다. 즉 비문을 한 단어씩 해석해보면 Senatus(원로원), Populus(로마 시
민), que(그리고), romanus(로마의)다. 하나 특이한 것은 and를 의미하
는 que가 2번째 명사 뒤에 붙었다는 것이다. 물론 라틴어에도 and처
럼 사용되는 et가 있는데, 이것을 사용할 경우 A+B는 A et B가 된다.

조각상의 기단에 새겨진 S. P. Q. R.과 하수구 맨홀의 S. P. Q. R. 로마에 가면 수없이 만나는 글자들이다.

하지만 que를 사용해 A와 B를 합치면 A+B는 A Bque가 된다. 라틴어만의 독특한 병렬식 표현이다.

　이제 개선문의 첫 2줄은 '로마의 원로원과 시민'이라는 뜻으로 밝혀졌다. 4단어의 머리글자만 각각 따면 S. P. Q. R.이 되는데, 이것은 로마의 공화정 정부를 가리키는 말이었다가 이후 로마의 제정과 황제, 나아가 로마 시를 가리키는 약자로 사용되었다. S. P. Q. R.은 2,000년 동안 살아남아 지금도 로마를 지키고 있는 것이다.

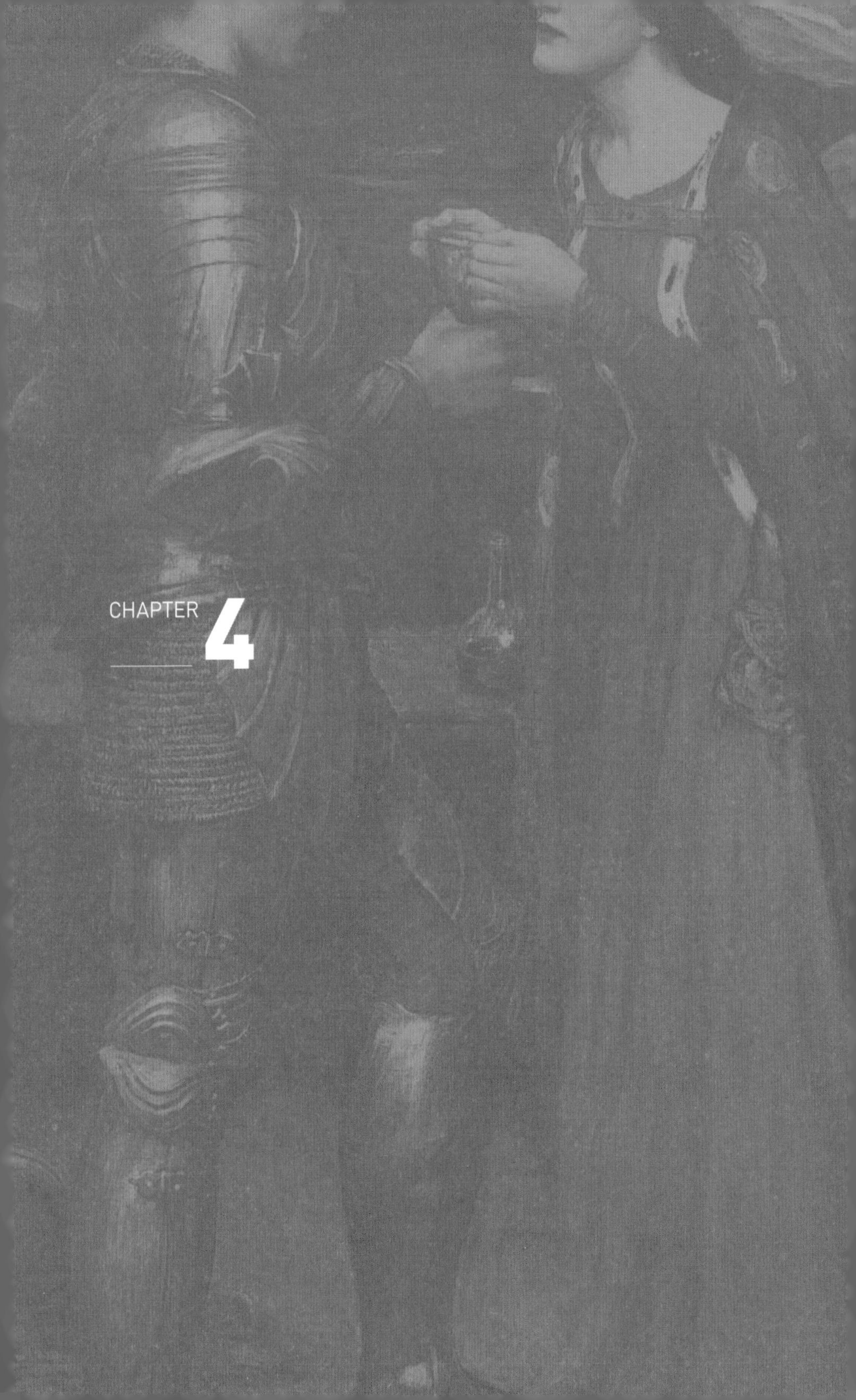

CHAPTER 4

신화가
들려주는
어원의 비밀

DAY
63

수요일은 애꾸눈 오딘의 날?

오늘의 단어 **일주일week**

✦✦

영어에서 요일의 이름은 천체의 이름이 붙은 경우와 북유럽 신들의 이름이 붙은 경우로 나뉜다. 일요일Sunday은 태양sun, 월요일Monday은 달moon, 토요일Saturday은 토성Saturn의 이름이 붙었다. 로마인들은 토요일을 '사투르누스Saturnus(그리스 신화에서는 크로노스 신이다)의 날'이라고 불렀는데, 여기서 Saturn이라는 이름이 생긴 것이다.

나머지 화요일부터 금요일까지의 어원을 알려면 북유럽 신화에 나오는 신들의 이름을 알아야 한다. 북유럽 신화 속으로 들어가보자. 참고로 게르만족의 고향은 북유럽, 즉 스칸디나비아 반도 남부이므로 게르만 신화와 북유럽 신화는 같은 뜻이다.

먼저 금요일은 영어로 Friday다. Friday와 자유를 의미하는 free는 어원이 같다. 게르만 신화에 다산의 신과 미의 신이 있었는데, 이 둘은 쌍둥이 오누이였다. 다산을 상징하는 남신의 이름은 프레이르Freyr, 미를 상징하는 여신의 이름은 프레이야Freyja다. 라틴어 계열의 언어에서 금요일은 미의 여신 비너스에게 바쳐진 날인데, 프랑스어에서 금요일을 Vendredi라고 부르는 것을 보면 알 수 있다. 게르만족은 자신들

리하르트 바그너Richard Wagner의 음악극 〈니벨룽겐의 반지Der Ring des Nibelungen〉에 등장하는 미의 여신 프레이야.

의 프레이야를 금요일에 바쳤다. 즉 Friday는 '사랑과 평화의 날'이라는 뜻이다. 사랑에 흠뻑 빠진 젊은이들이 금요일을 일주일 내내 기다릴 법도 하지 않은가?

목요일을 의미하는 Thursday는 천둥의 신 토르 Thor의 날이다. 토르는 북유럽 신들 중에서 가장 용맹한 신으로, 다른 신들을 악으로부터 보호했다. 그리고 신들이 모두 멸망하는 라그나뢰크가 도래할 때 거대한 바다뱀 요르문간드Jormungand(악의 신 로키Loki의 자식)를 죽이지만, 그 뱀 때문에 죽음을 맞는다. 토르가 사용하는 마법의 망치 묠니르는 창조와 파괴의 힘을 상징하는 동시에 결실, 개혁, 행운을 상징하기도 한다. 토르의 망치는 이후 북유럽이 기독교로 개종하면서 십자가 표시와 합쳐져 사용되었다.

묠니르로 바다뱀 요르문간드를 내려치는 토르의 모습. 오딘이 게르만 귀족에게 인기가 있는 신이었다면, 토르는 인구의 대부분을 차지하고 있던 농민들 사이에서 인기가 있는 신이었다. 그의 상징인 망치도 농기구의 일종으로 볼 수 있다.

오딘Odin에 이어 서열이 2번째인 토르는 북유럽 신들 중에서 가장 사랑받고 존경받는 신이었다. 오딘이 폭력과 전쟁을 나타내는 데 비해, 토르는 질서를 나타낸다. 토르는 묠니르로 거인들이 자신들의 영토에 머무르도록 억제하는 역할도 했다.

게르만족이 목요일에 가장 인기가 있는 신인 토르의 이름을 붙인 반면, 로마인들은 목요일을 제우스에게 바쳤다. 제우스가 천둥신 토르처럼 하늘에서 벼락을 내리는 신이기 때문이었다. 그 결과 라틴어에서 파생된 프랑스어와 스페인어에서는 목요일을 각각 Jeudi와 Jueves라고 부르는데, '제우스의 날'이라는 어원이 잘 드러난다.

다음으로 수요일은 Wednesday인데, 일단 발음에 상응하는 철자가 어렵다. 보통 영어를 처음 배울 때 암기하기 어려워하는 대표적인 단어 중 하나다. Wednesday는 북유럽 신화의 주신主神인 오딘을 기리는 날이다. Wednesday에 소리가 나지 않는 철자 d가 남아 있는 이유를 알 수 있다. 고대 영어에서 Wednesday는 wodnesdæg였는데, 여기서 오딘의 흔적을 더 잘 볼 수 있다.

마지막으로 화요일은 게르만 신화에 등장하는 전쟁의 신 티우Tiu에서 왔다. 화요일을 의미하는 라틴어 Dies Martis와 프랑스어 Mardi처럼 전쟁신 마르스의 이름이 붙은 날이다.

그렇다면 수요일의 주인공 오딘에 대해 좀 더 자세히 알아보자. 오딘은 전쟁의 신이다. 북유럽인들이 전쟁의 신을 주신으로 삼았던 것은, 기원전부터 북유럽 사회에서 가족 간, 부족 간의 분쟁이 끊이지 않았기 때문이다. 집단은 모름지기 그 집단의 문화가 필요로 하는 신을 찾기 마련이므로, 북유럽인들도 자신들의 폭력을 정당화해줄 신이 필요했을 것이다.

하지만 오딘은 전쟁의 신일 뿐만 아니라 시詩의 신이기도 하다. 그는 선지자로 활약했으며, 자신의 영혼을 멀리 내보내거나 다리가 8

슬레이프니르를 타고 다니는 오딘.

개 달린 말 슬레이프니르Sleipnir를 타고 달리기도 했고, 다른 형상으로 변신해서 세상을 여행하기도 했다. 주술사처럼 죽은 자들로부터 지혜를 얻어낼 수도 있었다.

그림에서 보이는 것처럼, 오딘은 한쪽 눈이 없다. 지혜의 거인 미미르의 샘물과 자신의 눈을 맞바꾸었기 때문이다. 큰 대가를 치르고 지혜를 얻은 오딘이 남긴 말을 한번 생각해보자. 현대인들도 공감할 수 있는 말들이다.

- 분별이야말로 최고의 재산이다. 고주망태가 되도록 맥주를 마시거나, 연회석에서 음식을 잔뜩 먹거나, 자만에 찬 이야기를 해서는 안 된다.
- 인색함은 나쁜 것이다.
- 자신을 잘 대해주는 사람은 모두 친구라고 생각하는 이는 착한 것을 넘어서는 바보다. 사람은 입으로는 그럴듯한 이야기를 하지만 마음속으로는 기만하기 마련이다. 속임수에는 속임수로 대응해야 한다.
- 죽으면 모든 것이 끝이다. 설사 손이 없어도, 눈이 보이지 않아도 살아 있기만 하면 움직일 수 있다.
- 여자에게는 듣기에 달콤한 말을 하고 선물을 자주 해라. 단, 그 여인과 불륜 관계를 맺어서는 안 된다.

DAY 64

오딘도 이기지 못했던 저승의 여신

오늘의 단어 **지옥hell**

북유럽 신화에 등장하는 신들 중에는 악의 신 로키가 있다. 세계의 종말 라그나뢰크를 불러오는 장본인이다. 로키에게는 여러 명의 자식이 있었는데, 그중에 헬Hel이라는 딸이 있었다. 헬은 또한 늑대 펜리르Fenrir와 뱀 요르문간드의 누이이기도 하다.

저승의 여신으로 묘사되는 헬은 의외로 인자했다. 그녀는 얼굴의 반이 칠흑 같은 죽음의 세계를 보여주고, 나머지 반이 이승에서의 삶을 나타냈다. 헬은 망자의 영혼을 저승의 12강 중 하나로 인도해서 배에 태웠다. 실제로 바이킹들은 망자를 돌무덤에 넣었는데, 이 돌무덤이 저승을 건너게 해주는 배를 상징하며 저승의 여신 헬만이 이 돌무덤 배를 진정한 배로 바꾸어줄 수 있다고 믿었다.

라그나뢰크ragnarök
위대한 신들의 운명이라는 뜻이다. 거인족과 신족의 마지막 전쟁이었으며 이로 인해 모든 신이 죽고 세상은 종말을 맞이한다. 그러나 끝은 새로운 시작인 법. 바다에서 새로운 대지가 태어났고 라그나뢰크에서 살아남은 2명의 남녀가 있었으며 죽었던 신들이 새롭게 태어났다.

헬이 저승의 주인이 된 것은 북유럽 신화의 주신인 오딘이 헬을 저승으로 보내 그곳을 다스리게 만들었기 때문이다. 신화에서는 저승에 한번 내려간 사람이나 신이 결코 이승으로 돌아오는 법이 없다. 그러나 헬은 오딘보다 강한 힘을 발휘하기도 했다.

오딘과 프리그Frigg 여신 사이에는 발데르Balder라는 아들이 하나 있

었다. 발데르는 상냥하고 친절한 데다가 미남이
었다. 신화에서 선은 악과 대립한다. 발데르가 선
을 상징하는 신이라면 악은 로키로 대변된다. 선
의 상징 발데르는 로키의 간교에 의해 죽음을 맞
는다. 그러나 그의 죽음은 선과 악이 교차하는
우주의 순환이라는 차원에서 볼 때 필연적인 것
이기도 했다.

로키의 계략으로 발데르가 겨우살이 나무에
찔려 죽고 나자, 발데르의 어머니인 프리그 여신
은 저승을 다스리는 헬에게 아들을 환생시켜달
라고 간청한다. 헬이 만약 모든 이들이 발데르의

전령의 신 헤르모드가 발
데르를 살리려고 저승 세
계를 찾는 모습.

죽음을 슬퍼한다면 그를 환생시켜주겠다고 약속하자 프리그 여신
은 모든 신들에게 발데르의 죽음을 슬퍼한다는 맹세를 해달라고 요
청한다. 그러나 한 사람, 거인족 여인 토크가 발데르를 위해 울기를
거부한다. 결국 발데르는 다시 살아오지 못한다. 토크는 다름 아닌
로키가 변장한 여인이었던 것이다.

저승의 여신인 헬의 권위는 주신인 오딘의 아내조차 그녀를 설득
할 수 없을 만큼 절대적이었던 것일까? 하지만 현대 영어에서 헬의
의미는 부정적인 의미로 전락했고, 신화 속에 나오는 헬의 이미지는
찾아볼 수 없게 되었다.

평범한 약이 독약으로
둔갑해버린 까닭은?

오늘의 단어 **독약poison**

✦✦

중세에 내려오는 사랑의 전설 중, 특히 켈트족의 이야기에는 설화 문학의 백미로 꼽히는 것들이 많다. 아마 가장 극적인 이야기는 '트리스탄과 이졸데'일 것이다. 이 설화는 19세기 독일의 작곡가 리하르트 바그너의 오페라로도 각색되었다.

이 이야기는 브리튼섬의 콘월Cornwall 왕국에서 시작된다. 이 왕국과 바다 건너 아일랜드 왕국은 원수지간이었다. 콘월 지방을 다스리던 마크 왕은 아일랜드 왕국과의 화해를 위해, 평화의 사자로서 젊고 유능한 기사 트리스탄을 아일랜드로 보낸다. 트리스탄은 당시 아일랜드를 괴롭히던 용을 퇴치하고 아일랜드 왕의 신임을 얻는다.

트리스탄은 용과 싸우다가 큰 상처를 입고 만다. 그는 아일랜드의 왕녀 이졸데의 치료를 받고 살아나는데, 이 남녀 사이에 저항할 수 없는 사랑이 싹트게 된다. 하지만 이졸데는 마크 왕과 결혼을 할 운명이었다. 두 사람은 배를 타고 콘월로 돌아오다가, 이졸데가 신혼 첫날밤을 위해 준비해 간 사랑의 묘약을 실수로 나눠 마신다. 두 사람의 사랑은 이제 막을 수가 없게 되어버린 것이다.

이졸데는 콘월에 도착해서 마크 왕과 결혼하지만, 첫날밤에 하녀를 왕의 침대로 대신 보내고 왕의 사랑을 거부한다. 트리스탄도 주군의 여자를 탐했다는 죄책감에 사로잡혀 다른 여자와 결혼까지 하지만, 그의 마음속에는 여전히 이졸데뿐이었다. 결국 마크 왕의 신하들은 트리스탄을 공격하고 그에게 치명적인 상처를 입힌다. 트리스탄은 이졸데가 알 수 없는 곳으로 피신을 한다. 그리고 이졸데에게 만약 자신과 함께하기 위해 배를 타고 온다면 흰 돛을 달고, 그렇지 않으면 검은 돛을 달고 오라는 부탁을 한다.

마침내 이졸데는 트리스탄을 만나기로 결심하고 배에 올랐다. 그런데 무슨 운명의 장난인가? 트리스탄의 아내가 질투심에 사로잡혀 배에 검은 돛이 걸려 있다고 거짓말을 한 것이다. 트리스탄은 그 자리에서 죽고 말았다. 이야기는 이렇게 비극으로 끝난다.

역사상 전해 내려오는 많은 이야기들을 보면, 인간이라면 누구나 자신의 사랑이 이루어지기를 바라고 그러기 위해서는 약의 도움도 마다하지 않는 것 같다. 트리스탄과 이졸데가 마셨던 사랑의 묘약은 영어로 love potion이라고 한다. 여기서 potion이라는 말은 라틴어 potionem에서 유래했는데, 약 또는 물약을 의미하는 단어였다.

그런데 우리가 알고 있는 말 중에 독약을 의미하는 다른 말도 있다. 바로 poison이라는 단어다. 영어와 프랑스어의 철자가 같지만, 프랑스어로는 발음을 '푸아종'으로 해야 한다. 이 poison의 어원도 potion과 같은 potionem이다. 즉 같은 뿌리에서 나왔지만 하나는 일반적인 약으로, 또 하나는 독약으로 의미가 분화된 것이다. 사랑의 묘약은 남녀의 사랑이 이루어지게 할 수도 있지만, 한편으로는 독약이 될 수도 있기 때문이었을까?

신 중에 다리가 없는 신이 있었다?

오늘의 단어 **기간term**

✦✦✦

로마의 초대 왕인 로물루스 시대에는 로마의 영토에 경계 표시를 하지 않았다. 그러다가 2번째 왕인 누마 왕 시대부터 영토의 경계에 돌로 만든 표지를 세웠다. 이 돌에는 테르미누스 신Terminus을 새겼는데, 이 신에게는 다리가 없었으므로 한번 세워진 장소에서 움직일 수가 없었다. 즉 자신들이 확장한 영토를 결코 이민족에게 다시 내어주지 않겠다는 로마인들의 결의가 숨어 있었던 것이다. 고대 로마인들은 해마다 2월 23일에 테르미날리아Terminalia라는 향연을 베풀어, 테르미누스 신을 숭배했다고 한다.

다리가 없는 테르미누스 신의 모습. "1뼘의 땅도 양보하지 마라"라는 라틴어 경구가 보인다. 오른쪽 사진은 북프랑스의 루브르 랑스Louvre-Lens 갤러리에 전시된 테르미누스 신의 조각이다.

테르미누스 신은 로마의 주신 유피테르의 별칭으로 불리기도 하는데, 그 유래는 다음과 같다. 본래 로마의 카피톨리노 언덕에는 유피테르를 비롯한 여러 신들이 모셔져 있었다. 어느 날 유피테르 신을 제외한 다른 신들이 카피톨리노 언덕을 떠나 다른 곳으로 옮겨가게 되었는데, 다리가 없는 테르미누스 신은 신전을 떠날 수가 없었다. 할 수 없이 테르미누스 신전은 그대로 남겨두고 그 주위에 유피테르 신전이 세워졌다. 게다가 테르미누스 신은 본래 야외에 서 있는 신이었기 때문에 신전에도 지붕이 덮여 있지 않았다. 그래서 결국 테르미누스 신은 유피테르 신전 옆에 남아 유피테르 신의 또 다른 이름으로 불리게 된 것이라고 한다.

테르미누스 신의 이름은 시간이 지나면서 점차 축소되었다. 라틴어에서 프랑스어로 들어올 때 음절 수가 줄어 terme이 되었다. 13세기 초에 프랑스어에서 영어에 들어간 term에는 본래의 뜻인 끝(혹은 경계)에서 경계가 있는 기간, 적당한 기간이라는 의미가 생겨났다.

이후 14세기에 한정되고 정확한 의미의 말, 즉 용어라는 의미가 만들어진다. 돌기둥에 새겨져 땅의 경계를 지키던 테르미누스 신의 역할이 매우 전문화된 것이다. 현대 영어에서 장기간을 의미하는 long-term과 단기간을 의미하는 short-term이 이렇게 만들어졌다.

또한 터미널terminal이라는 말은 1888년에 기차 노선의 종착역이라는 의미로 처음 등장한다. 이후 전기나 기계 등에서 회로의 끝부분을 의미하는 뜻으로 사용되기 시작한다. 한번 자리를 잡으면 요지부동이었던 테르미누스 신이 공항 터미널처럼 새로운 세계로 이동을 하는 관문이 된 것이다. 고대 로마에서는 다리가 없었던 테르미누스 신에게 날개까지 생겨난 것이나 다름없다.

제우스 신이 유일하게 유혹에 실패한 여자는?

오늘의 단어 **제우스Zeus**

✦✦✦

그리스 신화의 주인공인 제우스는 사랑을 쟁취하기 위해서라면 물불을 가리지 않기로 유명하다. 에우로페를 납치하기 위해 황소로 변신하고, 탑에 갇힌 다나에를 차지하기 위해 황금 소나기로까지 변신하지 않았던가?

제우스의 연애편력은 매우 화려하다. 변신의 귀재이자 남자까지도 사랑했던 제우스는 딱 1명의 여인만을 포기했다. 그녀의 이름은 테티스Thetis, 남자를 파멸시키는 팜파탈이었다. 제우스는 테티스를 보자마자 사랑에 빠진다. 연애의 귀재답게 테티스를 유혹하려는데, 기분 나쁜 신탁을 듣는다. 누구든 이 여인과 사랑에 빠져 자식을 낳을 경우, 아버지보다 더 나은 자식이 탄생할 것이라는 예언이었다. 천하의 난봉꾼 제우스도 불길한 신탁 앞에서는 두려운 마음에 남성의 본성을 포기하고, 테티스를 인간 펠레우스Peleus와 결혼시킨다.

테티스는 펠레우스와 결혼해서 영웅 아킬레우스를 낳는다. 그녀는 나중에 제우스에게 트로이 전쟁에 나간 아킬레우스를 살려달라고 간청한다. 앵그르Jean Auguste Dominique Ingres가 그린 〈제우스와 테티스Jupiter and Thetis〉.

테티스와 펠레우스의 결혼식에는 모든 신들이 초대되었다. 그런데 신화에서는 가끔 '모든'이라는 말을 사용할 때 오류를 범한다. 꼭 빠지는 사람이 있기 때문이다. 이 결혼식에는 불화不和의 신 에리스Eris가 초대받지 못했다. 마치 동화《잠자는 숲속의 공주》에서처럼, 에리스 여신은 결혼식에 나타나 황금 사과를 던지고 사라진다. 황금 사과에 '이 세상에서 가장 아름다운 여인에게'라는 문구를 적어두고.

아름답고 싶은 욕심은 여신들도 예외가 아닌가 보다. 헤라와 아테나, 아프로디테가 세상에서 가장 아름다운 여인임을 인정받기 위해 문제의 사과를 원한다. 그러나 심판을 제의받은 제우스조차 누구에게 그 사과를 주어야 할지 몰라 올림포스 산에 사과를 던져버린다. 하는 수 없이 여신들은 이다 산의 양치기 청년 파리스에게 묻기로 한다.

파리스의 심판을 받기 위해 가장 먼저 나선 여신은 아테나였다. 그녀는 파리스에게 인간들 중에 가장 뛰어난 지혜를 줄 것이며, 가장 용감한 전사로 만들어주겠다고 약속한다. 2번째로 나선 여신은 헤라. 여신 중에 으뜸답게, 헤라는 파리스를 온 아시아와 유럽의 지배자로 만들어주겠다고 약속한다.

TIP

하지만 남자는 결국 여자의 아름다움에 약한 존재인 것일까? 미의 여신 아프로디테는 이 세상에서 가장 아름다운 여인을 파리스에게 주겠다고 약속한다. 결국 파리스는 황금 사과를 아프로디테에게 건넸고, 그 뒤의 이야기는 알려진 것처럼 트로이와 그리스의 10년간의 전쟁으로 이어진다.

트로이 전쟁 Trojan war
고대 그리스 신화에 나오는 그리스와 트로이 간의 전쟁이다. 아프로디테가 황금 사과의 주인이 된 대가로 스파르타의 왕비 헬레네와 파리스가 사랑에 빠지게 해주는 바람에. 스파르타의 왕 메넬라오스는 졸지에 왕비를 빼앗겼다. 그가 형 아가멤논과 함께 왕비를 되찾기 위한 트로이 원정길에 오르면서 전쟁이 시작되었다.

어찌되었든, 그리스 신화의 주인공 제우스의 이름은 인구어족의 언어로 신을 의미하는 dewos에서 나왔다. 빛난다는 뜻이다. 라틴어로 신을 뜻하는 deus와 그 형태가 거의 같다. 서양인들이 인종적인 유사성 외에 언어적인 유사성도 있음을 확인할 수 있는 사례다.

Deus라는 단어는 유명한 라틴어 표현인 '데우스 엑스 마키나^{deus} ex machina'에도 나오는데, 고대 그리스 비극 공연에서 등장인물들 간의 갈등이 최고조에 달했을 때 기계장치에 탄 신(배우)이 무대에 등장해 갈등을 단칼에 해결해줄 때 쓰는 표현이다. 즉, 영화 등에서 갑자기 초자연적인 힘을 이용해 클라이맥스를 종결시키는 것을 말한다.

DAY 68 우주는 혼돈으로부터 시작되었다!

오늘의 단어 **카오스**chaos

신화 문학의 백미라고 할 수 있는 그리스 신화에는 수천 명의 신과 영웅, 인간 들이 등장한다. 일반적으로 신화는 우주의 창조 과정을 포함하고 있는데, 그리스 신화도 예외는 아니다. 아마도 인간이 가장 궁금해하는 것 중 하나가 우주의 탄생과 죽음이기 때문일 것이다.

그리스의 시인 헤시오도스Hesiodos에 따르면 태초의 우주에는 4가지 힘이 자연적으로 나타났는데, 가장 처음에 생겨난 힘이 카오스다. 카오스는 텅 빈 공간이라는 뜻으로, 만물이 자리를 잡기 전의 혼돈 상태를 말한다. 카오스에 대비되는 개념은 질서와 우주를 뜻하는 코스모스cosmos다.

헤시오도스
기원전 8세기경 고대 그리스의 서사시인. 《일리아드와 오디세이》를 쓴 호메로스에 비견될 정도로 대표적인 시인이다. 《노동과 나날》, 《신통기》 등의 작품을 남겼다. 그중 《신통기》는 세계가 어떻게 창조되었고 신들이 어떻게 태어났는지, 그리스 신들의 계보가 어떻게 되는지를 자세히 적은 책이다.

TIP

카오스가 생겨난 다음에는 땅을 의미하는 가이아Gaia가 생겨났고, 그 뒤를 이어 타르타로스Tartaros(지하 세계, 저승)와 에로스Eros(사랑, 욕구)가 나타났다. 그런데 여기까지는 우주의 창조를 설명해줄 수 있지만, 신화의 주인공들은 턱없이 부족하다. 다시 카오스가 힘을 쓰기 시작했다. 카오스는 배우자도 없이 어둠과 암흑의 남신인 에레보스Erebus와 밤의 여신인 닉스Nyx를 낳았다.

밤의 여신 닉스.

그 이후에 태어난 티탄족은 구시대를 대표하는 신족이다. 신화에서 올림포스 신족에게 패배한 것으로 보아 새로운 이주자들이 섬긴 신들은 올림포스 신족이었을 것이다. 티탄족을 대표하는 신들로는 크로노스와 레아가 있다. 이들은 부부 사이였는데, 크로노스가 레아가 낳는 자식들을 세상에 나오는 족족 잡아먹는다. 하지만 마지막 자식인 제우스는 레아의 기지로 살아남는다. 레아가 제우스 대신에 돌을 강보에 싸서 크로노스에게 먹였기 때문이다.

그리스 신화의 신들이 어처구니없는 실수를 하는 것은 신들도 완벽하지 않다는 것을 보여주기 위함일지도 모른다. 결국 주인공이 나중에 등장하는 영화처럼, 막내로 태어난 제우스가 먼저 잡아 먹힌 형제들을 구해내고 아버지 크로노스를 멀리 쫓아낸다.

그리스 신화에서 우주 탄생의 단초를 제공했던 카오스가 다시 세 인들의 관심을 끌게 된 것은 17세기 네덜란드 출신의 화학자인 판 헬몬트van Helmont가 기체 상태의 물질을 발견하고 그것을 가스gas라고 명명한 덕분이다. 네덜란드어에서 g는 그리스어의 kh와 유사하게 발음된다. 그리스 신화에 등장했던 '혼돈의 카오스'가 근대로 넘어오면서 가스로 다시 태어난 것이다.

타이타닉 호는
침몰할 수밖에 없었다고?

오늘의 단어 타이타닉Titanic

✦ ✦

사람의 이름은 매우 중요하다. 이름에 따라 그 사람의 운명이 정해
진다고 믿는 사람들도 있다. 건물의 이름도 마찬가지다. 수십 년 전
에 서울에 있는 대형 호텔에서 큰 불이 났는데, 그 호텔의 이름이 대
연각大然閣이었다. 가운데 글자인 '연'에는 '그럴 연'이라는 의미도 있
지만 '불탈 연'이라는 뜻도 있어서, "건물 이름에 '불 화火'가 들어가
니 불이 난 것이 당연하다"고 말하는 사람도 있었다.

앞의 '카오스' 편에서 등장했던 대지의 여신 가이아는, 하늘의 남
신 우라노스Uranus와의 사이에서 거인족을 낳는다. 대개 신화 속의
거인들은 괴물이나 악의 화신으로 묘사되는 경우가 많은데 가이아
의 자식 중에도 그런 괴물들이 있었다. 외눈박이 거인들인 키클로
페스 3형제Cyclopes, 그리고 50개의 머리와 100개의 팔을 가진 헤카톤
케이레스Hecatonchires다. 그런데 부모조차 이런 자식들이 창피했던 것
일까? 우라노스는 키클로페스 3형제와 헤카톤케이레스를 명부의
지옥인 타르타로스에 감금해버린다.

왜 태초의 신들에게서 태어난 존재가 괴물이었을까? 혹시 우라노
스가 가이아의 자식이었으니, 두 신이 근친 관계를 맺고 자식을 낳
았기 때문일까? 아니면 혼돈의 세계인 카오스가 아직도 정돈이 안

되었다는 의미일까? 어쨌든 키클로페스와 헤카톤케이레스는 신화의 전면에 등장할 수 있는 기회를 잃어버린다.

우라노스와 가이아 사이에서 태어난 거인족, 즉 티탄족은 그리스에 새로 정착한 사람들의 입장에서 보면 정복의 대상인 '구세대' 신들이었다. 새롭게 정착한 무리들이 숭배하는 신은 제우스였으며, 티탄족의 리더 크로노스는 원주민들의 신이었다. 그래서 티탄이란 이름은 거인, 전쟁, 파괴를 상징하는 불길한 이름이었다.

그러던 1911년, 당시로서는 세계에서 가장 큰 여객선이 진수식을 거행했다. 이 초호화 여객선의 이름은 타이타닉Titanic. 티탄족이 거인족이었다는 사실에서 붙인 이름이다. 그러나 타이타닉 호는 출항한 지 3일 만에 빙산에 부딪혀 가라앉고 말았다. 2,206명의 승객 중에서 1,500명이 목숨을 잃었다. 정말 타이타닉 호는 불길한 이름이었던 것일까?

만약 이 여객선에 신들의 전쟁에서 승리를 한 올림포스 신족의 이름을 붙였다면 역사는 바뀌었을까?

불면증은 잠의 신 이름에서 나왔다?

DAY 70

오늘의 단어 **불면증insomnia**

✦✦

고대 그리스인들은 죽음이 잠의 연장선상에 있다고 생각했다. 그들은 죽음의 신 타나토스Thanatos와 잠의 신 히프노스Hypnos가 형제 사이라고 믿었다. 히프노스의 이름은 많은 단어의 뿌리가 되었다. 최면상태에 빠지는 것을 hypnosis라고 하고, 수면제는 hypnotic이라고 하는 등이다. 죽음의 신 타나토스도 의학 용어로 재탄생했는데, 죽음의 본능이라는 의미를 가진 Thanatos instinct라는 용어가 그의 이름에서 나왔다.

로마 신화에서 히프노스와 같은 잠의 신은 솜누스Somnus다. 불면증을 뜻하는 insomnia와 몽유병을 뜻하는 somnambulism도 여기에서 유래한 말들이다. 단어 somnambulism을 풀어보면 잠을 의미하는 somn-와 걷는다는 의미의 ambulare가 합성된 것으로, 구급차를 뜻하는 ambulance도 어원이 같다.

솜누스는 아들을 하나 두었는데, 바로 꿈의 신 모르페우스Morpheus다. 잠과 꿈은 불가분의 관계이므로 두 신의 인연은 천륜으로 묶여 있는 것이다. 모르페우스의 의미는 그리스어로 '모양'인데, 자는 동안 머릿속에 나타나는 모양인 꿈을 이렇게 표현한 것이다. 영어에는 'in the arms of Morpheus'라는 표현이 있는데, 평온하게 잠든 모습을

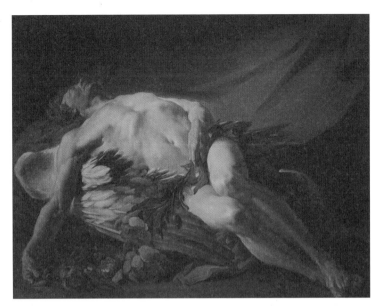

깊은 잠에 빠진 듯한 모르
페우스.

묘사할 때 쓴다.

　모르페우스의 이름에서 나온 화학 용어도 있다. 1803년 독일의 화학자 제르튀르너Friedrich Wilhelm Adam Serturner는 자연산 약초에서 순수 화학 물질을 분리해냈다. 이 물질은 강력한 수면 효과를 발휘해 환자의 통증을 덜고 안정시키는 효과를 보였다. 마치 꿈의 신 모르페우스가 와서 환자를 재우고 안정된 상태로 만들어주는 것처럼 보였다. 그래서 이 화학 물질을 모르핀morphine이라고 불렀다. 1550년 담배씨를 파리로 보낸 포르투갈 주재 프랑스 대사 니코Jean Nicot의 이름이 니코틴nicotine이라는 단어의 유래인 것과 비슷한 경우다.

　한편 그리스 신화와 로마 신화에서 각각 죽음에 관한 신을 뽑아 비교해보면 다음과 같다. 먼저 그리스 신화에는 운명의 실을 뽑는 여신인 클로토Klotho가 있고, 운명의 실을 나눠주는 라케시스Lachesis(탄생)와 그 실을

모이라이Moirae
그리스 신화에서 운명의 실을 통해 인간의 생사에 관여하는 세 자매. 밤의 여신 닉스가 홀로 낳았다는 설도 있고 어둠의 신 에레보스와의 사이에서 낳았다는 설도 있다.

TIP

끊는 아트로포스Atroposs(죽음)가 있다. 아트로포스에 대응하는 로마의 여신이 바로 모르타Morta인데, 라틴어로 죽음을 의미한다. 영어에서 '치명적인'이라는 의미를 가진 mortal의 어원이다. 흥미로운 사실 하나는 운명의 신들이 모두 여신이라는 것이다. 생명을 주는 존재가 여성이기 때문에 그렇게 정한 것일지도 모르겠다.

DAY 71 인간에게 공포를 선사한 아레스의 아들들은 누구?

오늘의 단어 **공포증phobia**

✦✦✦✦✦✦✦✦✦✦✦✦✦✦✦✦✦✦✦✦✦✦✦✦✦✦✦✦✦✦✦

그리스 신화의 주인공은 누가 뭐라고 해도 제우스다. 신화 속에서 활약을 펼치는 신과 영웅 중에는 제우스의 자식들이 상당히 많다. 그렇지만 올림포스 산의 12신 중에 제우스가 본처인 헤라와의 사이에서 낳은 자식은 많지 않다.

전쟁의 신 아레스.

아테나는 제우스가 헤라 이전의 부인인 메티스Metis를 삼켜버린 다음에 제우스의 머리를 깨고 나왔고, 술의 신 디오니소스Dionysos는 친모인 세멜레Semele가 죽자 제우스가 허벅지에 품고 있다가 낳은 자식이며, 전령 헤르메스Hermes는 마이아와의 사이에서 낳은 자식이다. 물론 헤라가 낳은 자식도 있기는 있는데, 바로 대장장이의 신 헤파이스토스Hephaistus와 전쟁의 신 아레스Ares다.

그렇지만 이 2명의 신은 이미지가 그다지 좋지 않다. 헤파이스토스는 너무 작고 못생긴 데다 시끄럽게 울어대서 헤라가 그를 올림포스 꼭대기에서 아래로 던져버렸다고 한다. 이 때문에 헤파이스토스는 절름발이가 되었다.

한편 아레스는 싸움을 즐기고 성격이 잔인하고 포악해, 제우스 부부마저 거의 내놓다시피 한 자식이었다. 아레스가 전쟁에 임할 때면 그의 아들 포보스Phobus와 데이모스Deimos가 전차를 준비했다. 그리스어로 포보스는 두려움을, 데이모스는 공포를 의미한다. 포보스의 이름에서 공포증에 관한 말들이 많이 생겨났다.

- 고소공포증acrophobia: acro(그리스어로 가장 높은)+phobia
- 광장공포증agoraphobia: agora(공개된 장소)+phobia
- 야생동물공포증agrizoophobia: agri(야생)+zoo+phobia
- 외국인공포증xenophobia: xeno(외국인)+phobia
- 남성공포증androphobia: andre(남성)+phobia
- 대인공포증anthropophobia: anthropos(인간)+phobia
- 음식공포증cibophobia: cibo(음식)+phobia

패닉은 사람들이 무서워한
요정 이름이다?

오늘의 단어 **공황panic**

✦✦

오늘은 앞의 '공포증' 편에서 잠시 등장했던 디오니소스 신의 이야기를 들려주겠다. 올림포스 산의 신들 중에는 인간의 자식이 딱 1명 있는데, 바로 포도주와 황홀경의 신으로 알려진 디오니소스다. 로마에서는 바쿠스 신Bacchus으로 불린다.

본래 술이란 인간이 가진 본성의 양면을 보여주는 매개체인 법이다. 그리스 신화는 인간의 본성이 아폴론처럼 냉철한 이성에서 디오니소스 같은 광기로 바뀔 수 있음을 암시하고 있다. 실제로 제우스는 신탁이 내려지는 신전을 델피에 세웠는데, 그 신전을 자식 중에서 가장 이성적인 아폴론에게 맡겼다. 하지만 아폴론은 1년의 절반 동안만 델피 신전에서 머문다. 그렇다면 나머지 반년은 누가 델피 신전의 주인이 될까? 바로 아폴론과는 대척점에 서 있는 디오니소스다. 인간의 양면성을 이처럼 잘 보여주는 예가 또 있을까?

디오니소스는 세멜레의 자식이다. 세멜레는 자신의 멋진 연인인 제우스의 본모습을 보고 싶어 했다. 왜냐하면 신들이 인간 세상에 내려올 때는 본래의 모습으로 내려오지 않기 때문이다. 제우스는 세멜레의 간청을 이기지 못해, 청을 들어주겠다고 약속한다. 그런데 그만 저승의 강인 스틱스를 걸고 약속을 한 것이 화근이었다. 아무리

신들의 왕이라도 스틱스강을 두고 맹세를 하면 그 약속은 절대로 파기할 수 없었기 때문이다.

결국 제우스의 본모습을 본 세멜레는 불에 타서 죽고 만다. 그때 세멜레의 뱃속에는 아이가 자라고 있었는데, 제우스는 재빨리 아이를 받아 자신의 허벅지에 넣어 키운다. 디오니소스의 이름에서 Dio는 2번, nys-는 낳는다는 뜻이라는 설이 유력하다. 즉 2번 태어난 아이라는 뜻이다. 남편이 바람을 피워서 아이를 낳아 오는 데 진절머리가 난 헤라는 아마 디오니소스를 보고 기절초풍했을 것이다. 이제 남편이 아예 아이를 직접 낳으니 말이다.

디오니소스는 또한 부활의 신이다. 그는 밀교에서 경작의 신으로 추앙받았는데, 경작은 죽음의 계절(겨울)에서 소생의 계절(봄)을 거치면서 부활하는 모습을 보여준다. 그래서 고대 그리스인들은 이집트 신화에 나오는 부활의 신 오시리스를 디오니소스와 동일시하기도 했다.

니콜라 푸생Nicola Poussin의 회화 작품 〈판 조각상 앞의 디오니소스Bacchanal before a Statue of Pan〉. 조각상 앞에 진짜 판도 있다.

광기의 신들 중에서 디오니소스보다 조금 격이 떨어지는 신으로 판Pan이 있다. 그는 헤르메스의 아들이며 들판과 숲의 신, 즉 모든 자연의 요정이다. 판은 짐승의 뒷다리와 사람의 팔, 염소의 귀와 뿔을 가지고 있었다. 또한 갈대로 여러 개의 관을 만들어 불었는데, 그 피리를 팬파이프 또는 팬플루트라고 한다. 판은 사람들을 공포에 떨게 하는 소리를 지르기도 했는데 이 소리를 판이 내는 소리라는 의미에서 panic이라고 했고, 그래서 panic disorder가 공황장애를 의미하게 되었다.

신을 시험한 인간 탄탈로스는 어떻게 되었을까?

오늘의 단어 **감질나게 하다tantalize**

★ ✦ ★ ✦ ★ ✦ ★ ✦ ★ ✦ ★ ✦ ★ ✦ ★ ✦ ★ ✦ ★ ✦ ★ ✦ ★ ✦ ★ ✦ ★ ✦ ★ ✦ ★ ✦ ★

영어 단어 중에 tantalize라는 동사가 있다. 사전적 의미로는 감질나게 한다는 뜻이다. 이 동사는 그리스 신화에 나오는 인간인 탄탈로스Tantalus의 이름에서 유래했다. 탄탈로스는 제우스의 수많은 자식들 중 하나다. 그래서 제우스와 올림포스 신들의 사랑을 받게 되었고, 올림포스에서 열리는 신들의 만찬에도 초대를 받았다.

신들이 인간과 다른 것은 불멸의 존재이기 때문이다. 그런데 그 불멸성은 어디에서 나오는 것이었을까? 올림포스 산에 사는 신들은 주로 암브로시아ambrosia라는 음식과 넥타르nectar라는 음료를 마셨다. 현대 영어에서는 ambrosia가 '진미'의 의미로, nectar가 '꿀, 과즙'의 의미로 바뀌었다.

탄탈로스는 올림포스에서 열리는 신들의 만찬에 초대되어 암브로시아를 먹고 넥타르를 마셨다. 그러다가 가끔 신들의 음식을 몰래 가지고 나와 인간들에게 나누어주기도 하고, 신들의 만찬장에서 일어났던 사건들도 자랑처럼 떠들고 다녔다. 여기까지만 했다면 탄탈로스에게 아무 일도 일어나지 않았을 것이다.

어느 날, 그는 감히 신들을 시험하기로 결심한다. 신들을 자기 집에 초대해놓고, 아들 펠롭스Pelops를 죽여 그의 고기로 만든 음식을

신들을 시험한 죄로 지옥에 떨어진 탄탈로스.

식탁에 올린 것이다. 그러나 신들은 당장 탄탈로스의 오만방자한 행동을 알아차렸다. 하지만 저승의 왕 하데스Hades에게 딸을 납치당한 데메테르Demeter만이 무심결에 고기 1점을 먹고 말았다. 딸을 빼앗긴 어머니가 무슨 정신이 있었으랴.

진노한 신들은 탄탈로스를 지옥인 타르타로스에 가두어버린다. 그리고 그에게 평생 배고픔과 목마름에 시달리게 하는 형벌을 내렸다. 탄탈로스는 연못에 갇혔는데, 목까지 찬 물을 마시려고 하면 물이 발목까지 내려가버리고 가지 위에 달린 열매를 먹으려고 손을 뻗으면 열매가 손이 닿지 않는 곳으로 멀어져 가버리는 것이었다.

한편 억울하게 죽은 펠롭스는 어떻게 되었을까? 제우스가 가엾은 펠롭스를 살리라고 헤파이스토스에게 명령을 내린다. 데메테르가 모르고 먹어버린 어깨 살 1점은 상아로 메워주었다고 한다. 먹을 것을 가지고 장난을 친 자의 최후는 이렇게 비참했고, 죄 없이 죽은 아들 펠롭스는 신들의 사랑으로 다시 태어났다.

고래 싸움에 새우 등 터진 판도라 이야기

오늘의 단어 **판도라pandora**

★◆★

그리스 신화의 티탄족 중에서 지혜가 남달랐던 신이 하나 있었다. 그의 이름은 프로메테우스Prometheus. '미리 깨달은 자'라는 뜻이다. 프로메테우스는 인간에게 큰 도움을 준 신으로 알려져 있는데, 그와 제우스 사이는 질긴 악연으로 이어져 있었다.

1번째 악연은 사람들이 가축의 어떤 부위를 제물로 바치느냐에 대해 갑론을박하고 있을 때 발생했다. 티탄족을 물리치고 나서, 올림포스 신족과 인간족은 각자의 공과를 논하기 위해 만남을 가졌다. 이때 프로메테우스는 맛있는 고기를 맛없는 내장으로 감싸서 감추고, 먹을 수 없는 뼈들은 기름진 지방으로 돌돌 말아 먹음직스럽게 만들어두라고 인간들에게 귀띔했다. 신들의 제왕 제우스는 프로메테우스의 계략에 넘어갔고, 먹지도 못하는 뼈나 내장 등의 부위가 신들의 몫으로 정해지고 말았다. 티탄족이 올림포스 신들에 패한 앙갚음을 제대로 한 것이다.

2번째 악연은 프로메테우스에게 치명적이었다. 프로메테우스가 신들만의 전유물이었던 불을 훔쳐 인간에게 넘겨버린 것이다. 제우스는 크게 노했고, 복수를 위해 프로메테우스의 동생 에피메테우스Epimetheus에게 판도라라는 여인을 보냈다. 에피메테우스는 형과는 반대로 '늦게 깨닫는 자'라는 뜻이고, 판도라는 '모든 것을 다 받은 자'라는 뜻이다. 결국 에피메테우스는 형의 말을 듣지 않고 판도라와 결혼했다. 그 이후는 모두 알다시피, 판도라가 금지된 상자를 열어 질병, 질투, 절망 등을 퍼뜨리고 인간을 불행의 나락에 빠뜨렸다. 그럼에도 불구하고 그 상자의 바닥에 '희망'이 마지막까지 남아 있었기 때문에 인간이 희망을 잃지 않고 살아갈 수 있다는 이야기다.

그리고 프로메테우스는 인간에게 불을 가져다준 벌로 독수리에게 간을 쪼아 먹히는 형벌을 받게 되었다고 흔히 알고 있는데, 사실 프로메테우스가 제우스에게 잘못 보인 진짜 이유는 다른 데에 있었다. 제우스는 자신이 아버지 크로노스를 제거했던 것처럼 자식에 의해 쫓겨날까 두려워했다. 그래서 '예지자' 프로메테우스에게 누가 자기를 해칠 것인지 물어보지만, 프로메테우스는 답변을 거부한다. 바로 이 괘씸죄에 걸려 프로메테우스는 지은 죄보다 더 가혹한 형벌을 받았던 것이다.

헤시오도스는 인간 사회가 몰락한 원인이 프로메테우스와 제우스가 사사로운 이유로 갈등을 벌였기 때문이라고 보았다. 고래 싸움에 새우 등 터진 것이나 마찬가지다.

쇠사슬에 묶여 독수리에
게 간을 쪼아 먹히는 형벌
을 받은 프로메테우스.

하이퍼링크는 멀리 데려가준다는 뜻?

오늘의 단어 **하이퍼링크hyperlink**

✦✦✦✦✦✦✦✦✦✦✦✦✦✦✦✦✦✦✦✦✦✦✦✦✦✦✦✦✦✦✦✦✦✦✦✦✦✦✦

일반적으로 하이퍼마켓hypermarket은 슈퍼마켓supermarket보다 더 큰 규모의 대형 마트를 가리킨다. 왜 hyper가 super보다 더 큰 의미를 갖게 되었을까?

그리스 신화의 주인공들은 제우스를 비롯한 올림포스 신족이지만, 오늘은 그 이전에 고대 그리스 세계에서 지배자로 군림했던 거인족인 티탄족에 주목해보자. 티탄족 중에 히페리온Hyperion이라는 신이 있었는데, 히페리온의 아버지는 하늘의 신 우라노스였고 어머니는 대지의 신 가이아였다. 명문가의 자제답게 히페리온의 이름은 그리스어로 '위에서 보는 자'라는 뜻이다. 여기에 추상적인 의미가 추가되면서 '하늘을 달리는 자'라는 의미가 생겨났다. 이후 히페리온은 자신의 아들인 태양신 헬리오스와 구분되었고, 더 나중에는 올림포스 신족인 아폴론에게 태양신의 역할을 넘겨준다.

로마인들은 철저하게 그리스 문명을 벤치마킹한 민족이었다. 그리스의 학문과 건축술뿐만 아니라 그리스 신들도 수입했다. 그리스의 아폴론이 로마에서는 아폴로가 된 것만 보아도 로마인들이 얼마나 그리스 문명을 동경했는지 잘 알 수 있다.

라틴어의 전치사 중에서 super는 어떤 것을 뛰어넘는다는 뜻이고,

히페리온의 아들 헬리오스가 전차를 타고 달리는 모습.

이후 영어에 수많은 단어를 낳았다. 그리스어로 hyper는 영어로 '~ 위에, ~을 넘어서는'의 뜻이다. 흔히 사용되는 인터넷 용어 중에 하이퍼링크hyperlink가 있는데, 역시 '저 너머의 무언가와 연결해주는 참조 고리'를 가리킨다.

　Super와 hyper는 비슷한 뜻을 가지고 있었지만, 로마인들은 모국어인 라틴어보다 그리스어에 더 좋은 의미를 부여했다. 마치 브랜드 이름을 지을 때, 한국어로 짓는 것보다 영어로 짓는 것이 더 고급스럽다고 인식되는 것과 같다. 아마도 그래서 super보다 hyper가 더 큰 것을 나타내게 되었을 것이다. 마치 프랑스어 grand는 단순히 '크다'라는 뜻인 데 비해, 영어에서 grand는 big보다 더 큰 것을 나타내는 말로 사용되는 이치와 같다.

스틱스강을 두고 맹세해!

✦✦✦

그리스 신화에서 사후 세계는 5개의 강이 휘감고 있다. 1번째 강은 아케론Acheron인데 슬픔의 강이라는 뜻이다. 죽은 자의 영혼이 슬픔을 버리고 가는 곳이라는 이유에서다. 저승의 뱃사공 카론Charon이 돈을 받고 망자들을 태워주는 바로 그 강이다. 그래서 고대 그리스에는 망자의 입에 동전을 넣어 매장함으로써 노잣돈을 보태주는 풍습이 있었다.

2번째 강은 코키투스Cocytus로, 시름의 강이라는 뜻이다. 이 강을 건너면서 망자들은 자신들의 인생이 비통에 가득 차 있었다는 것을 느낀다고 한다. 3번째 강은 플레게톤Phlegethon이다. 코키투스에서 망자들이 느낀 비통을 불로 정화해 깨끗한 영혼을 갖게 해주는 강이다. 물과 불로 2번이나 망자들의 영혼을 완벽하게 정화해 새로운 존재로 만드는 것이다.

4번째는 망각의 강인 레테Lethe인데, 망자는 이제 이 강의 물을 마시고 전생의 기억을 모두 지운다. 미국 영화와 드라마로 잘 알려진 작품 〈리썰 웨폰Lethal Weapon〉의 lethal이 바로 이 레테의 이름에서 나온 말로, 치명적이라는 뜻이다.

마지막에 나타나는 강은 증오의 강으로 불리는 스틱스Styx인데 사

후 세계를 7번이나 휘감고 있다. 5개의 강들 중 가장 중요한 강으로, 이 강을 건너면 천국인 엘리시온Elysion과 무한지옥인 타르타로스Tartaros로 가는 길이 나타난다. 스틱스의 이름을 걸고 맹세를 하면 올림포스의 신들도 그 맹세를 되돌릴 수 없었다. 신들의 왕인 제우스조차도 말이다.

스틱스강 이야기를 하는데 트로이 전쟁의 영웅 아킬레우스와 그의 어머니 테티스 이야기를 빼놓을 수 없다. 앞에서 제우스가 아름다운 테티스 여신을 포기하고 인간 펠레우스와 결혼시킨 이야기를 한 적이 있다. '아버지보다 뛰어난 아들을 낳을 것'이라는 신탁 때문이었다.

그렇게 펠레우스와의 사이에서 아들을 낳은 테티스 여신은 이미 자식의 운명을 알고 있었다. 그래서 갓난아기인 아킬레우스를 스틱스강에 담근다. 그러면 불사신이 되기 때문이었다. 그런데 그녀가 아킬레우스의 발목을 잡고 거꾸로 스틱스강에 넣었다가 뺐기 때문에, 발목은 강물에 잠기지 않았다.

그 후의 이야기는 익히 알려진 대로다. 불세출의 아킬레우스는 트로이 전쟁에서 용맹을 떨치지만, 파리스의 화살에 발목을 맞아 절명하고 만다. 그런데 이 이야기는 어딘지 모르게 아쉬운 구석이 있다. 왜 여신 테티스는 하필 발목만 안 담갔을까? 현명한 인간이라면 상반신을 잡고 발부터 1번 더 담갔을 텐데 말이다. 아마 신의 계산된 실수를 통해 인간은 불멸의 존재가 될 수 없다는 메시지를 던지고 있는 것이 아닐까?

샹젤리제는 천상의 땅이라는 뜻이다?

DAY 77

오늘의 단어 **샹젤리제 Champs-Élysées**

✦✦

각국의 신화에는 사후 세계가 등장한다. 아마도 인간은 본성적으로 죽은 다음에 어떤 세계가 기다릴지 매우 궁금해했던 것 같다.

고대 그리스인들은 인간이 죽은 다음에 가는 세계를 다음과 같이 설계했다. 먼저 사후 세계는 제우스의 형제인 하데스가 다스리는 명부冥府다. 하데스는 한때 하늘의 신 제우스보다 숭배를 받던 시절이 있었는데, 당시에는 땅을 다스리는 신이 하늘을 다스리는 신보다 상위에 있었다는 사실을 의미한다.

하데스의 세계로 한번 내려가면 다시는 지상으로 올라올 수 없었다. 그리스 신화 속 오르페우스Orpheus의 비극적인 이야기를 모두 알고

뒤를 돌아보는 바람에 다시 저승으로 끌려 가는 에우리디케.

발할라Valhalla

북유럽 신화에서는 전쟁에서 명예롭게 싸우다 죽은 용사들이 머무는 궁전이 따로 있다고 믿었다. 이곳이 '발할라'다. 신계에서 가장 아름답고, 끝없이 넓고 높으며 매일 산해진미와 꿀술이 가득한 잔치가 열렸다고 한다.

있을 것이다. 최고의 가수 오르페우스가 죽은 아내 에우리디케Eurydike를 찾아 지하로 내려갔는데, 하데스는 아내를 지상으로 데려가는 데 1가지 얄궂은 조건을 내건다. 바로 뒤에 따라오는 아내를 절대 돌아봐서는 안 된다는 것이다.

인간의 나약함은 이럴 때 드러난다. 결국 오르페우스는 아내가 잘 따라오고 있는지 너무나 궁금한 나머지 뒤를 돌아보고 말았고, 아내를 다시 지상으로 데려오지 못한다.

하데스의 세계와는 별도로 그리스인들의 사후 세계에는 또 다른 공간이 있었다. 보통 사람들이 죽으면 저승의 강인 스틱스를 건너 하데스의 세계로 가지만, 신들과 관련이 있는 영웅들이 가는 곳은 엘리시온이라고 불리는 천상의 세계였다. 그리스인들은 이곳에 들어가는 영웅들이 축복받고 행복한 삶을 누린다고 믿었다. 엘리시온의 지배자가 누구인지에 대해서는 저자에 따라 견해가 다르지만, 대부분 크로노스라고 알려져 있다.

세계에서 가장 아름다운 도시 중의 하나인 프랑스 파리에는 샹젤리제 거리가 있다. Champs은 프랑스어로 들판이라는 뜻이고, Élysées는 위에서 설명한 그리스 신화의 엘리시온에서 나온 단어다. 세계에서 가장 화려한 거리에 걸맞은 이름이 아닐까?

CHAPTER **5**

가장
오래된 역사,
이름

DAY 78 로마에서는 아버지와 아들이 같은 이름을 썼다?

오늘의 단어 **카이사르Caesar**

✦✦

로마 공화정에서 가장 유명한 스타는 이견의 여지 없이 카이사르다. 그는 뛰어난 전략가이자 위대한 문장가였으며, 예리한 통찰력을 가진 정치인이었다. 게다가 외모도 출중하고 언변도 뛰어나서 많은 여성들의 사랑을 한 몸에 받았다.

카이사르의 정식 이름은 가이우스 율리우스 카이사르Gaius Julius Caesar다. 맨 앞의 이름 Gaius를 약자로 표시하면 C.가 된다. 카이사르는 일찍이 아버지를 잃고 홀어머니의 손에 자랐는데, 아버지의 이름도 가이우스 율리우스 카이사르였다. 조지 부시 대통령 부자는 가운데 이름이라도 달랐는데, 카이사르 부자의 이름은 완전히 동일하다. 왜 굳이 이름을 같게 지었을까? 그 이유를 알기 위해서는 고대로마인들의 이름 체계를 이해해야 한다.

서양인들이 지금처럼 3개의 이름, 즉 자신의 이름, 중간 이름, 성을 사용하기 시작한 것은 로마인들의 작명법에서 기인한다. 로마인들은 자식의 이름을 다음과 같이 지었다.

이름Praenomen + 씨족명Nomen + 가문명Cognomen

먼저 1번째 이름인 프라이노멘은 아이가 태어난 지 얼마 안 되었을 때(아들은 탄생 9일 후, 딸은 8일 후) 부모가 붙여주는 이름이다. 영어의 first name 혹은 given name과 같다. 모든 것을 체계적으로 정리하는 데 익숙했던 로마인들은 프라이노멘도 마치 화학 원소기호처럼 정해진 것만 돌려가며 사용했다.

장남의 경우 아버지와 완전히 동일한 이름을 갖는다. 로마 원로원은 서기 6년에 이 전통을 입법화했다. 하지만 차남부터는 아버지와 다른 프라이노멘과 가문명을 가질 수 있었다. 예를 들어 로마의 어느 가문에서 아버지의 이름이 Marcus Cornellius Scipio라면 장남은 아버지의 이름과 똑같이 Marcus Cornellius Scipio가 되지만, 차남의 이름은 L(Lucius). Cornellius Victorinus가 될 수도 있었다. 자신의 뿌리를 알려주는 씨족명인 노멘은 변하지 않지만, 코그노멘은 바뀔 수 있다. 새로운 가문이 동일한 씨족에서 파생되었다는 것을 보여주기 위해서였다.

평민의 경우 제한된 프라이노멘을 사용해야 한다는 사실에 그다지 귀족만큼 신경 쓰지 않았다. 5번째 아들부터는 Quintus, Sextus, Septimus, Octavius, Decius 등과 같이 오남, 육남, 칠남, 팔남, 십남으로 불렀다. 2번째 아들을 Secundus(이남), 3번째 아들을 Tertius(삼남)라고 부르기도 했다.

다음은 씨족명으로 번역되는 노멘에 대해서 알아보자. 프라이노멘 뒤에 오는 노멘은 여러 가문이 합쳐진 씨족의 이름으로, 3개의 이름 중에 가장 중요한 부분이다. 공화정 이래 로마의 명문 씨족으로는

AVLIA L. F. SECVNDA라고 쓰여 있는 로마인의 비문. 당시 대문자 U가 없어 V를 사용했으므로, 비문의 주인은 루키우스의 둘째 딸 아우리아였을 것이다.

Claudius, Cornellius, Apius, Valerius, Julius 등이 있었다. 노멘의 뒤에는 별명이나 성명으로 불리는 코그노멘이 놓인다. 코그노멘은 가문의 이름 즉, 성씨라고 말할 수 있다. 코그노멘은 그 사람의 별명에서 유래한 것이 많다. Rufus는 머리카락이 적갈색이라는 뜻이며, Brutus는 멍청이, Naso는 큰 코, Scipio는 지팡이라는 뜻이다.

프라이노멘은 약자로 사용될 수도 있으므로, 카이사르의 경우 C. Julius Caesar라고 쓸 수 있다. 이름을 풀어보면 '율리우스 씨족의 카이사르파 가이우스' 정도로 이해할 수 있다. 한국식으로 한다면 '전주이씨 양녕대군파 아무개' 정도가 될 것이다.

여자의 경우는 대개 하나의 이름만을 사용했다. 아버지의 노멘에서 여성형을 만들어서 사용했는데, Julius의 딸은 모두 Julia, Cornellius의 딸은 모두 Cornellia가 되었다. 간혹 2개의 이름을 사용하는 여자도 있었다. 아버지가 Claudius이고 어머니가 Valeria면 딸의 이름은 Claudia Valeria가 된다. 아버지의 노멘에서 만들어진 여성형 이름은 마치 남자들의 프라이노멘과 같이 사용되었을 뿐만 아니라, 동시에 남성들의 일반적인 호칭인 코그노멘처럼 사용되었다. 또한 로마 여성들은 결혼을 해도 남편의 성을 따르지 않고 아버지로부터 물려받은 프라이노멘을 사용했다.

불세출의 영웅 카이사르에게도 단 하나의 고민이 있었다. 바로 자꾸 빠지는 앞머리. 그래서 그는 항상 월계관을 쓰고 다녔다고 한다.

황제는 모든 것을 장악한 자

DAY
79

오늘의 단어 **황제emperor**

＊＊＊

제정의 주춧돌을 놓은 카이사르는 비록 황제 자리에 오르지 못하고 암살당했지만, 대신 그의 양자인 아우구스투스가 로마 제정의 초대 황제에 올랐다. 황제라는 명칭은 라틴어로 imperator인데, 영어로 황제를 뜻하는 emperor의 어원이다. 그러나 로마 황제는 동방의 전제 군주같이 신적인 존재는 아니었다. 이집트 파라오처럼 태양신의 아들도 아니었고, 중국 천자처럼 하늘의 아들도 아니었다.

로마제국의 밑그림은 카이사르가 그렸지만 초대 황제는 아우구스투스가 되었다. 아우구스투스는 매우 허약한 체질이었지만, 아그리파 같은 용장이 평생 보필해 제국의 기초를 다졌다.

　현대의 우리들이 로마 황제의 권위와 지위를 이해한다는 것은 쉬운 일이 아니지만, 당시의 모든 사회 제도와 각종 명칭은 라틴어에 그대로 남아 있다. 우리는 로마 황제의 다양한 호칭을 통해 그의 정확한 위상을 살펴볼 수 있다.

　먼저 초대 황제인 아우구스투스의 공식 호칭을 예로 들어보자. 아우구스투스는 '존엄한 자'라는 의미로, 본명은 앞에서 이야기한 것처럼 옥타비우스다. 아우구스투스는 원로원에서 초대 황제에게 바친 존칭이다.

　기원전 27년, 전권을 장악한 아우구스투스의

정식 명칭은 Julius Caesar Augustus로 바뀐다. 황제의 공식 명칭에는 Imperator가 맨 앞에 놓이고, 그다음에 원래 이름이 따라온다. 아우구스투스의 본명은 Gaius Octavius였지만 카이사르의 양자가 되면서 Julius Caesar Octavianus로 바뀌었고, 아우구스투스가 새로운 코그노멘이 된 것이다. 즉 Imperator Julius Caesar Augustus가 전체 이름이며 '로마군의 사령관이자 율리우스 카이사르 집안의 존엄한 자'라는 뜻이다.*

이후 모든 로마 황제의 이름 앞에는 Imperator Caesar Augustus Tribunicia Potestas라는 길고 긴 명칭이 붙게 되었다. 호민관을 의미하는 Tribunicia Potestas가 새롭게 첨가되었고, Caesar와 Augustus는 사람 이름이 아니라 황제라는 호칭이 되어버린 것이다. 황제의 이름에 들어간 호칭들의 유래와 그 의미를 살펴보자.

· Imperator: 원래는 원로원 의원들이 개선장군에게 바치던 존칭이었다. 군단의 최고 통수권을 장악하고 있는 사람이라는 의미로, 아우구스투스는 원로원으로부터 양아버지 카이사르가 가지고 있던 이 칭호의 사용권을 받았다.

신의 모습으로 표현된 아우구스투스 황제.

· Caesar: 율리우스 씨족 중에서 카이사르 가문의 코그노멘이 황제를 상징하는 칭호로 굳어졌다. 훗날 독일의 황제 카이저Kaiser와 러시아 황제 차르Czar가 이 말에서 유래했다. 이후 황제를 의미하는 가장 일반적인 칭호로 자리 잡는다.

* 다음의 책을 참고했다. 시오노 나나미 지음, 김석희 옮김, 《로마인 이야기 6》 (한길사, 1997).

· Augustus: 권력 냄새는 전혀 나지 않지만, 이 호칭이
야말로 아우구스투스 자신이 계획했던 체제의 모습
을 잘 보여준다. 만약 카이사르가 황제에 올랐다면
그는 거침없이 직선적인 호칭을 선택했겠지만, 제정
에 반감을 가진 공화정 파의 견제를 의식하지 않을
수 없었던 아우구스투스는 이 존칭에 만족했던 것
같다. 명분보다 실리적인 측면이 강한 로마인들의 성
향을 엿볼 수 있다.

폭군으로 유명한 네로 황
제.

· Tribunicia Potestas: '호민관의 특권'이라는 뜻. 이 호칭은 공화정
당시 평민의 보호자였던 호민관에게 부여된 최고의 특권을 말
한다. 호민관은 귀족들의 반감을 살 만한 정책을 펼치더라도 신
변불가침권을 인정받았고, 호민관을 죽이거나 상처 입혀 이 특
권을 침해한 사람은 반국가범죄자로 재판을 받았다. 게다가 민
회에서 입안한 정책을 원로원이 반대해도 호민관이 거부권을
행사해 그 정책을 입법화할 수 있었다. 이 호칭을 황제가 쓰게
됨으로써 호민관의 권리도 인수받은 것이다.

· Princeps: 본래 우두머리를 뜻하는 이 말은 '시민의 1인자'란 뜻
으로 사용되었다. 아우구스투스는 제정에 알레르기를 가지고
있던 원로원이 자신을 Princeps라고 부르는 것을 좋아했고, 실제
로 이 칭호를 자주 사용했다. 왕자를 나타내는 영어와 프랑스어
prince의 어원이다.

> **호민관**
> 자신에게 도와달라고 청원을 해오는 평민들
> 을 보호하는 것이 호민관의 주요한 임무였
> 는데, 그러기 위해서 밤과 낮을 가리지 않고
> 항상 자기 집 대문을 열어놓아야 했다. 또한
> 도시 밖으로 나갈 수도 없었다. 제정으로 바
> 뀐 뒤에는 실질적으로 호민관이 사라지고,
> 황제가 호민관의 역할을 대신하게 되었다.

TIP

DAY 80

돈 많은 리처드, 용감한 버너드

오늘의 단어 **리처드Richard**

✦✦

앞에서 영어의 요일 이름에 왜 천체와 신의 이름이 들어가 있는지, 왜 특정한 지명이 붙었는지 등을 통해 단어의 유래를 탐험해왔다. 사람의 이름도 마찬가지다. 이제 영어권 국가 사람들이 자주 사용하는 이름들의 어원을 찾아가보자.

서양인들의 이름을 이해하려면 먼저 그들의 조상인 게르만족의 작명법에 대해 이해해야 한다. 게르만족은 대개 단어를 2개 이상 합성해서 이름을 지었다. 예를 들어보자. 서양 남자들에게서 흔한 이름 중에 Robert가 있다. 영어로는 로버트이지만 프랑스인들은 로베르라고 발음한다(종성의 자음을 발음하지 않기 때문이다).

이 이름은 프랑스에서 잉글랜드로 건너간 이름이다. 그렇다고

왼쪽부터 영화배우 로버트 다우니 주니어Robert Downey Jr.와 리처드 기어 Richard Tiffany Gere, 천재 음악가 베토벤Ludwig van Beethoven, 모두 게르만족의 이름을 가지고 있다.

Robert가 토종 프랑스 이름도 아니다. Robert는 프랑스에 가장 마지막으로 들어온 프랑크족, 즉 게르만족의 이름이기 때문이다. 프랑크족의 언어로 Rod는 '영광'을 뜻하고 bert는 '혁혁한, 찬란한'이라는 뜻이다. 즉 Robert는 '찬란한 영광'이라는 의미가 된다. Rod에 땅을 의미하는 land가 붙으면 Roland가 되고, 축소 접미사 -in이 붙으면 Rodin 또는 Robin이 된다. 따라서 로빈 후드의 Robin은 작은 영광이라는 뜻이다.

서양인들의 조상인 인구어족의 언어에서 보면, 왕을 의미하는 말에 공통점이 있다. 왕은 라틴어로 rex, 켈트어로 rix, 게르만어로 ric이었다. 이렇게 게르만어에서 '왕다운, 부유한'을 의미하는 rich가 생겨났고, 사람을 의미하는 -ard가 붙어 Richard가 만들어졌다. 이 이름은 남부 프랑스와 스페인에서는 Ricard 혹은 Ricardo가 되고, 첫음절 ri가 탈락되면서 Cardo 혹은 Cardin 같은 이름을 낳는다. 한때 패션 브랜드의 대명사였던 피에르 카르댕Pierre Cardin의 의미는 '부유한 사람'이다.

왼쪽은 스위스의 수도 베른의 문장이고, 오른쪽은 독일의 수도 베를린의 문장이다. 모두 곰과 관련이 있다. 게르만 어원 ber는 영어의 bear와 그 뿌리가 같다.

영어의 hard는 '단단한'이라는 뜻이지만 사람의 이름에 붙으면 '굳건한, 용맹스러운'이라는 뜻이 된다. 게르만족의 이름에는 유독 hard나 ard(Richard의 ard와는 다른 의미다)가 붙은 이름이 많다. Bernard 같은 이름들에 들어간 ber는 게르만어로 곰(영어로 bear)이므로 Bernard

는 곰처럼 용감한 남자라는 뜻이다. 참고로 독일의 베를린Berlin과 스위스의 베른Bern도 모두 곰과 관련이 있는 도시다. 베를린 영화제의 최고상이 은곰상이라는 사실을 떠올려보자.

한편 독일의 음악가 베토벤의 전체 이름은 Ludwig van Beethoven인데, Ludwig은 게르만어로 영광을 뜻하는 lod와 전투를 의미하는 wig로 이루어져 있다. Ludwig은 나중에 프랑스에 들어와서 Louis가 된다. 이름의 여행, 파고들수록 정말 재미있다.

이 마을에는 윌리엄만 수십 명이라고?

DAY 81

오늘의 단어 **스미스Smith**

✦✦

앞에서 유럽인들이 3개의 이름을 가지는 문화가 로마에서 유래했다는 이야기를 했다. 하지만 정작 유럽인들의 이름이 3개로 정착한 것 자체는 그 역사가 길지 않다. 유럽인들은 본래 하나의 이름만 사용했는데, 점차 인구가 늘면서 불편한 점이 생기고 이름의 개수가 늘기 시작한 것이다.

중세 잉글랜드의 어느 마을을 예로 들어보자. 당시 잉글랜드인들은 윌리엄William이라는 이름을 좋아했다. 문제는 그러다 보니 한 마을에 윌리엄이 수십 명씩 생기게 된 것이다. 그래서 마을 어른들은 새로 생겨나는 소년 윌리엄들을 구분하기 위해 방법을 고안했다. 대장장이 집 윌리엄은 윌리엄 블랙스미스Blacksmith로, 방앗간 집 윌리엄은 윌리엄 밀Mill로 부르기 시작한 것이다.

이후 근대에 들어와 호적을 정리할 때 이렇게 부르던 거주지나 직업명이 성이 되어 이름과 함께 사용되었다. 거주지에서 생겨난 성들로는 Brook(실개천 가), Clinton(언덕 위의 마을), Dean(계곡), Denver(초록의 계곡), Elton(옛 마을), Norton(북방인) 등이 있다. 직업명에서 유래한 성으로는 Taylor(재단사), Smith(대장장이), Carter(수레꾼), Carpenter(목수) 등이 있다. Taylor는 프랑스어 tailleur에서 왔으며 영어의 Smith는 독일

샹젤리제 거리에 있는 명품 브랜드 매장. 아마 창업주의 조상이 카드 제조공이었을 것이다.

어의 Schmidt, 프랑스어의 Fabre와 닿아 있다. 또한 Carter는 프랑스어의 chartier와, Carpenter는 프랑스어 charpentier와 의미가 같다.

　서양 문명의 지주 역할을 한 기독교도 이름에 큰 영향을 주었다. 성경에 나오는 성인의 이름을 따서 자녀의 이름을 짓는 식이었다. 하지만 각국의 언어가 다르니 같은 성인이라도 나라마다 다르게 불렸다. 세례자 요한의 경우 영국에서는 John, 프랑스에서는 Jean, 스페인에서는 Juan, 러시아에서는 Ivan으로 불리는 식이다. 이 밖에도 Emmanuel(히브리어로 신이 우리와 함께 있다는 의미), Elizabeth(마리아의 사촌), Isabel, Peter(베드로 성인), Pierre, Mark(마가), Luka(누가) 등이 성경에서 온 이름들이다.

서양 언어의 대부분은 그리스어 혹은 라틴어에서 주요 어휘들을 차용했다. 이런 사실을 유럽인들의 이름에서도 찾아볼 수 있다.

그리스어에서 유래한 이름으로는 Alexander(인간의 수호자), Andrew(프랑스어로 André, 힘센 사람), George(농부), Christophe(예수를 추종하는 사람들), Nicolas(승전군의 우두머리), Gregory(감시자) 등이 있다. 라틴어에서 유래한 이름으로는 Anthony, Martin(로마의 군신 마르스에서 유래) 등이 있다.

DAY 82 돈이 없으면 교수형대의 밧줄이나 사라지!

요제프 2세는 프랑스 왕 루이 16세의 왕비 마리 앙 투아네트의 오빠다.

유대인들은 자신들만의 독특한 작명법을 가지고 있었는데, 이러한 유대인의 전통을 없애고 서양식 성을 갖도록 명령을 내린 왕이 있었다. 바로 신성로마제국의 황제 요제프 2세Joseph II다.

요제프 2세는 통치한 지 10년도 되지 않아 6,000개의 법령과 1만 1,000개의 법을 공포했다. 가히 '개혁 마니아'라고 불러도 손색이 없다. 그 수많은 개혁 중에 하나가 제국 내에 거주하는 유대인들에게 성姓의 사용을 의무화한 것이다. 왜 유독 유대인들에게 그런 명령을 내렸을까?

역사의 진짜 이유를 파헤쳐보면 언제나 그렇듯, 이 법령 역시 돈과 관련이 있었다. 세금을 징수할 유대인 주민들의 정확한 인구를 파악할 수 없었기 때문이다. 문제의 뿌리는 유대인의 독특한 작명법에 있었다.

빈에 거주하는 모이셰 벤 멘델Moïshé ben Mendel(멘델의 아들 모이셰)이라는 유대인이 사라 바트 리브카Sarah bat Rivka(리브카의 딸 사라)와 결혼해 슈무엘Shmuel이라는 아들을 낳았다고 가정하자. 유대인의 전통에 따르면 슈무엘의 정식 이름은 슈무엘 벤 모이셰Shmuel ben Moïshé가 된다. 즉, 슈무엘이 모이셰의 아들이라는 사실만 남는 것이다. 이렇게 되면 주민세를 거둘 수 있는 인구의 파악이 되지 않는다. 요제프 2세가 유대인에게 변하지 않는 성을 사용하라고 강제한 이유가 여기에 있다. 그렇다면 어떤 이름을 성으로 삼을 것인가?

1번째는 아버지의 이름을 사용하는 방법이었다. 히브리어로 ben 뒤에 이름이 붙으면, 그 이름을 쓰는 사람의 아들이라는 뜻이다. 유명한 영화 〈벤허Ben Hur〉의 주인공 벤허도 결국 Hur라는 사람의 아들이라는 뜻이다. 이러한 전통은 같은 어족에 속하는 아랍어 이름에서도 발견된다. 예를 들면 빈 라덴Bin Laden의 bin도 ben과 같은 의미다. 즉 빈 라덴은 Laden의 아들이다.

유대인들은 외국으로 추방된 뒤에도 그대로 아버지의 이름을 성처럼 사용했다. 그러나 유럽의 각지에 정착해 살면서 이름이 그 지방의 언어를 반영하게 되었다. 슬라브어권에서는 아들을 의미하는 -owiz, -ovitch, -off, -kin 등의 접미사가 이름에 붙고, 게르만어권에서는 -sohn 또는 -son이 붙는 식이었다. 예를 들면 Abrabowitz는 Abram의 아들이고, Mendelssohn은 Mendel의 아들이다. 또한 어떤 사람의 남편임을 의미하는 이름도 있다. Gittelman은 Gittel의 남편이라는 뜻이고, Edelman은 Edel의 남편이라는 뜻이다.

2번째 방법은 거주 도시나 지역을 의미하는 성을 사용하는 것이다. 슬라브어권에서는 -ski, 게르만어권에서는 -er가 이름 뒤에 붙는다. 즉 Warshawski는 바르샤바Warsaw 출신의 유대인일 것이고, Berliner는 베를린 거주민일 것이다.

직업명에서 유래한 성을 사용할 수도 있었다. Baker/Boker(빵집 주인), Fleischer/Fleishman(푸줏간 주인), Drucker(인쇄업자), Einstein(벽돌공), Feinstein(보석상), Fischer(생선가게 주인), Kovalsky(대장장이), Schnitzer(석공), Waldman(땔감 장수), Salzman(소금 장수), Tabachnik(담

배 장수), Wollman(모직물 장수), Zucker/Zuckerman(설탕 장수), Schneider(재단사), Sherman(가위 장수) 등이다. 유대인들의 직업 중에는 보석 장사를 하는 사람이 특히 많았다고 한다. Diamond/Diamant 같은 성이 여기에 속한다. 독일어권에서 흔한 Goldmann이라는 성을 가진 유대인들의 선조는 귀금속상이었을 것이다.

성경에서 따온 성도 있다. 헌신적이라는 뜻의 cohen이 변형되어 Cohn, Kohn, Kahan, Kahn, Kaplan 등의 성이 생겨났다. 또한 '예루살렘 성전에서 기도하는 자'라는 뜻의 Levi는 Levy, Levine, Lewinsky 등의 어원이다.

이전에 있던 말을 성으로 차용해오는 대신, 금융업이나 귀금속 사업을 통해 많은 부를 축적한 유대인들은 돈을 주고 우아한 성을 만들어서 사용했다. 대표적으로는 Rosenberg(장미의 산), Finkelstein(반짝이는 돌), Goldberg(황금의 산), Applebaum(사과나무), Spielberg(놀이동산)가 있다. 하지만 우아한 이름을 살 여유가 없었던 가난한 사람들은 시청에서 Galgenstrick 같은 이름을 받았다. 이 단어의 의미는 gallow rope, 즉 교수형대의 밧줄이라는 뜻이다.

조지 부시 부자의 이름이 같은 이유는?

DAY 83

✦✦

미국 대통령 중에 조지 W. 부시 대통령이 있었다. 그의 재임 기간 중에 9.11 테러가 발생했기 때문에 지금도 그의 이름이 기억에 뚜렷이 남아 있는 것 같다. 그런데 재미있는 점은 그의 아버지 이름도 조지 부시였다는 것이다. 게다가 둘 다 미국의 대통령이었다. 자, 그렇다면 부시 가문의 이름을 통해 미국인들의 작명법을 살펴보자. 다음은 조지 W. 부시 대통령의 간략한 가계도다.

Samuel Prescott Bush+Flora Sheldon

↓

Prescott Sheldon Bush+Dorothy Wear Walker

↓

George Herbert Walker Bush+Barbara Pierce

↓

George Walker Bush

가계도에서 보이듯 조지 W. 부시 아버지의 전체 이름은 George Herbert Walker Bush다. 아들 부시와의 차이점은 중간 이름에

Herbert가 들어가 있다는 것이다. Herbert는 아버지 부시의 어머니인 Dorothy Wear Walker에게서 왔다. 그녀가 George Herbert Walker의 딸이었기 때문이다. 정리하자면 부시 집안 남자의 중간 이름에는 어머니 집안의 성을 사용하고 있다는 것이다. 우리는 서양인들이 아버지의 성만을 물려받는다고 생각하지만, 실제로는 이렇게 외가의 성도 간직하는 경우가 있다.

아버지 부시(왼쪽)는 아들 부시(오른쪽)와 구별하기 위해 조지 부시 시니어 George Bush Senior라고도 불린다.

이런 식의 작명법은 유럽 왕들의 이름에서 자주 보인다. 프랑스 카페 왕조의 필리프 4세는 잘생긴 외모 덕택에 별명이 '미남 왕 필리프Philippe le Bel'였다. 그에게는 3명의 왕자와 1명의 공주가 있었다. 장남의 이름은 루이Louis, 차남은 필리프Philippe, 삼남은 샤를Charles이었다. 그렇다면 미남 왕 필리프에서 필리프는 이름인데, 성은 무엇일까? 정답은 de France다. 전체 이름이 '프랑스의 필리프'라는 뜻이니 이름이 의미하는 바가 자못 대단하다.

다시 자식들의 이름으로 돌아가보자. 미남 왕 필리프의 세 왕자들은 모두 단명하는 바람에 3명 모두 1번씩 왕위에 오른다. 먼저 장남인 루이가 프랑스 왕위에 올랐는데 증조부가 루이 9세(성왕 루이)였다. 장남 루이는 루이 10세가 된다. 그런데 루이 10세는 왕위에 오른 지 3년 만에 세상을 떠난다. 곧이어 동생 필리프가 왕위를 이어받았다. 아버지가 필리프 4세였으므로 자신은 필리프 5세가 된다. 그런데 필리프도 7년 만에 요절한다. 이제 막내 샤를이 왕위를 이어받는다. 그런데 이전에 마지막으로 샤를이라는 이름을 가지고 프랑스 왕위에 올랐던 인물은 단순 왕 샤를 3세(재위 898~922)였다. 400여 년 만에 샤를이라는 이름을 사용하는 왕이 등장한 것이다.

DAY 84

피카소가 성공한 것이
어머니 덕분이다?

오늘의 단어 **피카소Picasso**

✦✦✦

미국의 유명한 배우인 스칼렛 요한슨Scarlett Johansson의 아버지는 덴마크 출신의 이민자다. 요한슨이라는 성은 북유럽인 중에서도 특히 스웨덴인의 성에서 아주 많이 발견되는데, 스웨덴어로 읽으면 요한손, 즉 성경에 나오는 요한의 아들이다. 한국의 김 씨처럼 스웨덴에서 아주 흔한 성이라고 한다. 영어에서는 요한이 John이므로 Johnson이 같은 의미를 가진다. 덴마크인의 이름에서 자주 보이는 Andersen도 Ander의 아들이라는 뜻이다.

게르만 문화권에서 -son과 -sen이 붙어 아버지의 아들을 의미

스코틀랜드나 아일랜드인의 피가 흐르고 있을 폴 매카트니(그룹 '비틀스').

한다면, 켈트 문화권에서는 다른 방식으로 '아버지의 아들'이라는 이름이 만들어졌다. 영국인의 이름에서 자주 보이는 맥도날드McDonald(Mc는 Mac의 약자다)를 보자. 이 이름은 스코틀랜드 계통의 이름인데, Mac은 아들을 의미하고 Donald는 통치자를 의미한다. 즉 맥도날드는 '통치자의 아들'이라는 뜻이다. 서양인들의

성 중에서 Mac으로 시작하는 성들, 즉 McArthur, McCartney 같은 성을 가진 사람은 조상이 아일랜드나 스코틀랜드 사람이다.

'통치자'라는 존엄한 이름인 Donald가 패스트푸드 브랜드, 애니메이션 캐릭터가 되었다. 이름의 상징성은 시대와 공간을 넘나들며 끊임없이 변한다.

켈트 문화가 뿌리였던 프랑스도 마찬가지다. 프랑스어의 성 중에 Fitzgerald란 성이 있는데, 중세 프랑스어로 Fitz는 아들을 의미하므로 Gerald의 아들이라는 뜻이다. 미국 대통령이었던 존 F. 케네디의 중간에 약자로 쓰인 F도 Fitzgerald다. 케네디 집안이 켈트 문화권인 아일랜드 출신이므로 같은 프랑스어권의 이름을 사용했던 것이다. 아버지 이름에 아들이라는 말을 붙여 사용했다는 것은 게르만 사회가 부계 사회였으며 가부장의 권리가 컸던 남성 중심의 사회였음을 엿볼 수 있는 흔적이다.

이와는 반대로 어머니가 집안의 중심이었던 남부 유럽의 경우는 어머니의 성도 자식에게 내려간다. 예를 들어 스페인 여자 Maria Rodriguez Gomez가 Juan Gonzalez Diego를 만나 결혼을 했다고 하자. 스페인 여자들은 아버지의 성뿐만 아니라 어머니의 성도 물려받는데, 마리아의 이름에서 가운데는 아버지의 성, 마지막은 어머니의 성을 가리킨다. 만약 부부 사이에서 Carmen이라는 딸이 태어나면, 그녀의 이름은 Carmen Gonzalez Rodriguez가 된다. 만약 2개의 성 중에서 하나만 사용해야 할 경우가 있다면 아버지의 성만 선택한다.

파블로 피카소(1881~1973)
20세기 미술을 논할 때 결코 빼놓을 수 없는 입체파 화가. 입체주의의 창시자이며 회화뿐만 아니라 조각과 판화, 도예에도 능했다. 대표 작품으로 〈아비뇽의 처녀들〉과 〈게르니카〉 등이 있다.

실존했던 스페인 사람인 파블로 피카소^{Pablo Picasso}의 이름을 예로 들어보자. 입체파 화가 피카소의 아버지 이름은 José Ruiz y Blasco였고, 어머니 이름은 Maria Picasso y López였다. 정상 경로라면 피카소의 이름은 Pablo Ruiz Picasso가 되어야 한다. 그러나 피카소는 1901년부터 그림에 사인을 할 때 아버지의 성을 사용하지 않았고, 어머니로부터 물려받은 성인 Picasso만 사용했다.

피카소는 어머니의 성을 물려받아, 세계에서 가장 유명한 이름 중 하나가 되었다.

러시아에서는 딸 이름으로 아버지 이름을 알 수 있다?

오늘의 단어 **마리아 샤라포바Maria Sharapova**

✦✦✦✦✦✦✦✦✦✦✦✦✦✦✦✦✦✦✦✦✦✦✦✦✦✦✦✦✦✦✦✦✦✦✦✦✦

러시아인의 이름은 조금 독특하다. 하지만 러시아인들이 사용하는 이름의 구조를 분석해보면 멀리 로마인들의 이름과 그 구조가 흡사하다. 러시아 푸틴 대통령의 전체 이름인 Vladimir Vladimirovich Putin을 예로 들어보자.

푸틴 대통령의 이름은 로마인들처럼 3부분으로 구성되어 있다. 맨 앞에는 이름, 그다음은 러시아인들이 사용하는 독특한 부명父名, 마지막이 성명姓名이다. 이 구조에서 특이한 점은 가운데에 아버지 이름을 사용한다는 것이다. 가운데 이름은 아버지 이름에 아들을 의미하는 -(o)vich를 붙여서 사용한다.

그렇다면 푸틴 아버지의 이름은 무엇일까? 눈치 빠른 독자들이라면 푸틴의 가운데 이름이 Vladimirovich인 것을 보고 푸틴 아버지의 이름은 Vladimir라고 생각했을 것이다. 실제로 푸틴 아버지의 이름은 Vladimir Spiridonovich Putin이었다. 그렇다면 한 걸음 더 나아가, 할아버지의 이름은 Spiridon이었다는 사실도 알 수 있다.

러시아어에는 영어의 미스터Mister나 프랑스어의 무슈Monsieur 같은 존칭이 없다. 그래서 "푸틴 씨!"라고 부르려면 "Vladimir Vladimirovich!"라고 불러야 한다. 우리말로 풀어보면 "블라디미르의

아들 블라디미르 씨!" 정도가 될 것이다.

러시아 남성들이 부명을 아버지의 이름에 '아들'이라는 뜻을 붙여 만든다면, 여자들의 성명은 아버지의 성명에 -a를 붙여 만든다. 로마의 Julius 집안에서 태어난 여인들을 Julia라고 부르는 이치와 같다. 일례로 유명한 테니스 선수 샤라포바의 전체 이름은 Maria Yourievna Sharapova다. Maria는 자신의 이름이고 Yourievna는 아버지 이름의 여성형, Sharapova도 아버지의 성인 Sharapof의 여성형이다. 즉 러시아의 여성들은 부명과 성명 모두 아버지의 이름에서 가져오지만, 항상 여성형 접미사 -a를 붙여 사용하는 것이다.

로마는 왜 늑대의 도시일까?

DAY 86

오늘의 단어 **로마Rome**

✦◆✦

'영원의 도시' 로마. 지금은 비록 많은 건축물들이 사라져서 예전의 영광을 완벽히 재현할 수는 없지만, 콜로세움 같은 웅장한 건물은 여전히 여행객들을 압도한다. 언어와 역사에 관심이 많은 사람들에게 로마라는 지명의 유래는 가장 흥미로운 질문이 되지 않을까 싶다. 로마 건국의 전설을 찾아 떠나보자.

로마 건국의 시조는 로물루스와 레무스Remus라는 쌍둥이 형제다. 전설에 의하면 이 형제는 트로이 전쟁의 영웅이었던 아이네이아스의 손자라고 하며, 흔히 조각이나 그림에서 늑대와 함께 묘사되어 있는 것을 볼 수 있다. 아기였을 때 버려져 늑대의 젖을 먹고 자랐기 때문이다. 형제가 평생 우애 있게 살았으면 좋았겠지만 둘은 결국 왕위를 차지하기 위해 서로 싸운다. 갈등 끝에 로물루스가 레무스를 죽이고 왕이 되었으며, 나라 이름을 로마라고 지었다.

그런데 늑대라는 상징은 우리에게 좀 낯설다. 일반적으로 늑대는 교활하고 잔인한 동물로 알려져 있지 않은가? 하지만 고대 유럽 사람들은 늑대를 그렇게 생각하지 않았다. 그들은 늑대를 다산과 보호를 상징하는 동물로 여겼으며, 때로는 파괴의 상징으로도 보았다. 마치 북유럽 신화에서 악의 신 로키에 의해 세상의 종말 라그나뢰크

가 도래하는 것처럼, 파괴 또한 새로운 창조를 위한 서곡이라고 생각했다.

일례로 북유럽 신화에는 펜리르라는 늑대가 등장하는데, 이 늑대는 파괴의 상징이다. 펜리르는 세상의 질서를 파괴하는 운명의 집행자다. 게르만인들의 이름에 늑대라는 뜻의 Wolf라는 성이 존재하는 것도 이 때문이다. 물론 늑대가 항상 좋은 의미로만 쓰인 것은 아니다. 다산이 한편으로는 정조 없는 사랑, 즉 매춘으로 옮겨가는 경우가 있었기 때문이다. 실제로 고대 로마에서는 매춘부를 암늑대라는 의미의 lupa라고 불렀다.

영국이 로마제국의 속주일 때가 있었다고?

DAY 87

오늘의 단어 **영국Britain**

✦✦✦

우리가 흔히 '영국'이라고 부르는 국가의 정식 이름은 그레이트브리튼-북아일랜드 연합 왕국United Kingdom of Great Britain and Northern Ireland이다. 줄여서 연합 왕국United Kingdom 또는 UK라고 한다. 영국이 있는 브리튼섬을 의미하는 Great Britain 중에서 Britain의 어원은 라틴어 Britannia(브리타니아)다. 그런데 하나 흥미로운 사실은 이 지명이 중세 프랑스어의 Bretaigne에서 유래했다는 것이다. Bretaigne는 지금의 프랑스 Bretagne(브르타뉴) 지방을 가리킨다.

사실 아주 오래 전, 유럽의 주인은 게르만족이었다. 본래 스칸디나비아 반도 근처에 살던 게르만족은 혹독한 기후와 척박한 환경에서 살다가, 따뜻한 기후와 비옥한 토지가 있는 남쪽으로 이동해 지금의 유럽에 자리를 잡게 되었다. 그렇다면 게르만족이 이동하기 전에 살고 있던 원주민들은 누구였을까?

게르만족이 유럽의 안방을 차지

브리튼섬.

하기 전까지 유럽에 살던 민족은 켈트족이었다. 그들은 많은 부족으로 나뉘어 살고 있었고, 역사상 1번도 통일 제국을 형성하지는 못했다. 프랑스인들의 조상인 골족Guale도 켈트족이다. 이 켈트족 중에서도 브리턴족Briton은 프랑스의 브르타뉴 반도와, 멀리 바다 건너 지금의 잉글랜드와 웨일스에 살던 부족이었다. 카이사르가 기원전 55년에 브리튼섬에 상륙하고, 그 지방을 브리타니아로 부른 이유가 여기에 있다. 지금도 프랑스에서는 브리튼섬을 브르타뉴 지방과 구분하기 위해 '대 브르타뉴Grande Bretagne'라고 부른다. 역사는 하나의 땅을 이렇게 다르게 부르도록 만들기도 한다.

영국의 역사를 지역 이름과 연결해 간단히 살펴보면 다음과 같다. 카이사르가 이루지 못했던 브리타니아 정복은 클라우디우스 황제Claudius 때인 서기 44년에 마침내 이루어진다. 이후 브리타니아에는 본격적으로 로마의 도시들이 들어섰고, 도시에는 라틴어 이름이

현재 남아 있는 하드리아
누스 장벽의 흔적

붙었다. 현재 영국에서 오래된 도시 중의 대부분은 로마제국 시절에 건설된 도시들이다.

로마제국의 속주가 된 브리타니아에는 Lincoln이나 Stratford 와 같은 도시들이 들어섰다. Lincoln은 라틴어로 식민지를 의미하는 colonia에 호수를 의미하는 켈트어 lindo가 합쳐진 이름이고, Stratford는 포장된 길을 의미하는 strat-(영어 street의 어원)과 게르만어로 냇물을 의미하는 ford의 합성어다.

브리타니아는 로마의 속주로 편입되었지만 로마제국 입장에서는 가장 북쪽에 위치한 변방이었다. 그러므로 많은 군단이 항상 주둔하고 있었다. 유독 브리튼섬의 도시에 병영을 의미하는 라틴어 castra의 흔적이 많이 남은 이유다. castra는 음성적 변화를 거쳐 -chester, -cester, -caster로 끝나는 도시의 이름을 만들어냈다.

· -chester로 끝나는 도시: Chester, Chichester, Colchester, Dorchester, Rochester, Winchester
· -cester로 끝나는 도시: Gloucester, Leicester, Worcester
· -caster로 끝나는 도시: Doncaster, Lancaster

이 밖에도 라틴어로 농장을 의미하는 vicus는 영어에서 -wick, -wich 등으로 변해 도시 이름에 남았다. Gatwick, Chiswick, Woodwich, Greenwich 등이다.

그러다가 5세기 초반이 되자 서로마제국이 혼란에 빠지면서, 로마제국은 브리타니아를 포기하기에 이른다. 브리타니아보다 제국의 운명이 더 중요했기 때문이다. 로마군이 떠나자 북쪽으로 피신해 있던 스코트족Scots과 픽트족Picts(스코틀랜드인의 조상들)이 남하해 잉글

랜드와 웨일스에 살던 켈트족을 공격하기 시작한다. 로마의 속주에서 부역을 한 동족들을 응징한다는 것이 침략의 명분이었다.

내란이 심해지자 원주민 켈트족은 북해 너머에 살고 있던 사나운 게르만족 용병을 불렀고, 대규모의 게르만 부족이 브리튼섬으로 들어온다. 덴마크에 살던 주트족Jutes과 앵글족Angles, 그리고 독일의 작센Saxen 지방에 살던 색슨족Saxon이 브리튼섬으로 들어왔다. 그런데 이들이 막상 브리튼섬에 와서 보니, 땅이 비옥하고 기후가 아주 좋았다. 결국 그들은 자신들을 고용한 켈트족을 배신하고 그들을 학살했으며, 섬에 눌러앉아 왕국까지 세웠다.

앵글로색슨족은 정착한 지방에 따라 브리튼섬에 자신들의 이름을 남겼다. 섬 남쪽에 정착한 색슨족은 Sussex(남쪽의 색슨 땅), 동쪽에 정착한 색슨족은 Essex, 서쪽은 Wessex라고 이름을 붙였다. 한편 앵글족은 Anglia라는 지명을 남겼다.

그렇다면 같은 게르만족의 일파인 프랑크족은 골 지방(지금의 프랑스와 벨기에 지역)의 새 주인이 되었음에도 불구하고 프랑스어 형성에 크게 영향을 미치지 않았던 반면, 왜 브리튼섬에 정착한 앵글로색슨족의 언어는 영어의 형성에 주춧돌이 되었을까?

여기에 대한 답은 원주민 수에 대한 이주자들의 수에서 그 원인을 찾을 수 있다. 골 지방에 이주한 프랑크족의 수는 원주민 수에 비해 5퍼센트 정도밖에 되지 않았다고 한다. 하지만 앵글로색슨족은 브리튼섬에 대규모로 이주했고 원주민인 켈트족을 학살했으므로 그들의 모국어가 현지에서 자리를 잡을 수 있었던 것이다.

또 다른 이유는 골 지방의 경우 라틴어를 사용하던 교회의 영향이 지대했기 때문에 프랑크어가 들어갈 틈이 없었지만, 브리튼섬에서는 로마인들이 섬을 떠났기 때문에 교회와 라틴어의 영향이 미미할 수밖에 없었다.

8세기 바이킹의 침략으로 생긴 말들은?

✦✦✦✦✦✦✦✦✦✦✦✦✦✦✦✦✦✦✦✦✦✦✦✦✦✦✦✦✦✦✦✦✦✦✦

앵글로색슨족이 자리를 잡은 이후, 7세기부터 브리튼섬에서는 문예 부흥이 융성하게 일어났다. 하지만 8세기에 접어들자 섬 전체가 공포에 휩싸이기 시작했다. 앵글로색슨족과 같은 게르만족이지만 주로 스칸디나비아 반도 근처에 살던 또 다른 민족이 브리튼섬을 약탈하기 시작한 것이다. 8세기부터 잉글랜드의 교회란 교회에서는 모두 '북쪽 사람들의 분노로부터 지켜달라'는 새로운 기도가 울려 퍼졌다. 그러나 그 기도는 이루어지지 않았다.

역사가들은 이들을 바이킹이라고 부른다. 바이킹은 위대한 해양 민족이었지만, 침략을 당한 앵글로색슨족의 눈에는 야만스럽고 잔인한 약탈자들로 보였을 테니 바이킹이라는 경멸적인 말로 불렸던 것 같다. 바이킹들은 드라카르Drakkar라고 부르는 전함을 타고 잉글랜드 동해안을 약탈했다. 뱃머리에는 전설에 나오는 괴물이나 용이 조각되어 있었다.

바이킹들은 앵글로색슨족과 같은 게르만족이지만 그들의 언어는 고대 영어와 조금 달랐다. 바이킹의 언어가 영어에 들어온 사례를 보기로 하자. 이방인들의 언어는 지명에 가장 먼저 남고, 지명은 생명력이 가장 길다. 1,200년 전에 일어난 역사적 사건의 흔적은 아직

도 브리튼섬의 도시들 이름에 남아 있다.

바이킹의 언어에서 -by는 농장이나 마을을 의미한다. -by가 들어간 마을 이름으로는 '너도밤나무 마을'을 의미하는 Ashby, '계곡이 있는 농가'라는 뜻의 Dalby, '앞으로 튀어나온 농가'라는 뜻의 Helsby가 있다. 또한 Derby, Rugby 같은 이름은 도시 이름보다 스포츠 이름으로 더 잘 알려져 있기도 하다.

이 밖에도 마을을 의미하는 바이킹의 단어인 -throp이 붙어 생긴 이름으로 Bishopthrop(주교의 마을), Copmanthrope(상인들의 마을), Countesthrop(백작 부인의 마을), Woolsthrope(모직물 마을)이 있고 숲속의 빈터를 의미하는 단어 -thwaite가 붙어 생긴 이름으로 Langthwaite(긴 숲속의 빈터)가 있다. 바이킹이 잠시 머물렀던 프랑스의 노르망디에도 Vautuite라는 유사한 형태의 지명이 있다. 농가를 뜻하는 -toft가 붙은 이름으로는 Langtoft(농가가 있는 긴 모양의 마을)이 있는데, 프랑스 노르망디에서는 Yvetot처럼 -tot으로 끝나는 지명의 사례를 찾아볼 수 있다.*

바이킹의 지명과는 다르게, 아래 지명은 원주민들의 언어인 영어가 들어간 지명이다.

· -ford(개울): Catford(야생 고양이 개울), Standford(돌이 많은 개울, 영어의 stone), Milford(물레방아가 있는 개울), Hartford(사슴이 있는 개울), Oxford(황소가 노는 개울)
· -ham(거주지): Chatham(숲 근처 마을), Birdham(새가 많은 마을)
· -ing(한 집안이 거주하는 지역): Clavering(클로버가 자라는 곳), Chipping(장터, chip은 라틴어로 '상인')
· -worth(성곽): Highworth, Harworth(울타리로 둘러친 성곽)

이때 바이킹이 배를 타고 나타나 약탈을 일삼곤 했기 때문에, 앵글로색슨족은 바이킹의 횡포를 피해 거주지를 내륙으로 옮겼다. 그래서 영어 지명을 쓰는 도시의 위치와 바이킹의 언어로 이름이 붙여진 도시의 위치를 비교해보면, 앵글로색슨족의 도시는 해안선 기준으로 안쪽에 들어가 있는 반면 바이킹의 도시는 해안가에 몰려 있다. 이런 사실에서도 당시 앵글로색슨족과 바이킹 사이에 '갑-을 관계'가 있었음이 잘 드러난다.

---

* Henriette Walter, 《Honni soit qui mal y pense》(Paris: Robert Laffont, 2001), 62.

이제 이곳은 바이킹이 접수한다!

오늘의 단어 **스칸디나비아Scandinavia**

✦✦✦

브리튼섬에는 이민족이 여러 번 들어왔지만, 대부분의 경우 주민들 사이의 언어적 교류가 그리 활발하지 않았다. 가장 먼저 들어온 로마인들과 원주민인 켈트족 사이에는 언어적 교류가 거의 없었다. 문화적 수준의 차이도 있었겠지만, 두 언어 사이에 동질성이 그리 크지 않기 때문이다. 2번째로 들어온 앵글로색슨족과 켈트족 사이에도 언어적 교류는 거의 없었다. 한쪽이 다른 쪽을 몰살시키는 상황이니 교류가 일어나지 않았던 것이다. 하지만 9세기에 정착한 바이킹의 경우는 달랐다.

서기 886년 덴마크 바이킹인 데인족Danes은 브리튼섬의 동부를 거의 장악했다. 그들이 정착한 지역을 Danelaw라고 불렀는데, 데인족의 법이 통하는 지방이라는 뜻이다. 영어로 법을 의미하는 law가 데인족의 말이다. 이후 잉글랜드는 1066년 프랑스에서 건너온 노르만족에 의해 침공을 받는데, 이것이 잉글랜드를 정복한 이민족의 마지막 침입이었다.

　인종학적으로 보나 언어학적으로 보나, 앵글로색슨족과 바이킹은 가까웠다. 단지 문명화된 정도에서 차이가 있을 뿐이었다. 우리는 영어에 남아 있는 고대 노르웨이어(스칸디나비아어, 바이킹어)를 통해 두 집단 사이에 많은 교류가 있었다는 사실을 잘 알 수 있다. 영어에 남아 있는 기본적인 어휘들 중 많은 수가 바이킹의 언어에서 유래했는데, 그런 어휘들의 사례를 품사별로 정리하면 다음과 같다.

· 명사: father, mother, wife, summer, winter, house, window
· 동사: can, come, bring, see, smile, burn, drag
· 형용사: full, wise
· 전치사: over, under

발음의 경우 바이킹의 언어에는 강한 sk 발음이 많았는데, 영어에서는 ch나 sh 발음으로 다소 부드러워졌다. 스칸디나비아Scandinavia라는 지명에 들어 있는 sk의 발음이 전형적인 바이킹어의 소리다. 이쯤되면 skate와 ski가 바이킹어의 조상인 고대 스칸디나비아의 언어에서 유래했다는 사실이 전혀 이상하게 들리지 않는다. 왼쪽의 표를 보면 스칸디나비아어의 sk가 영어의 sh로 변했음을 알 수 있다.

고대 스칸디나비아어	영어
fisk(물고기)	fish
skarp(날카로운)	sharp
skoulder(어깨)	shoulder
skib(배)	ship
sko(신발)	shoe
skame(수치스러움)	shame
skifte(이동하다)	shift

마찬가지로 영어에서 각각 피부와 하늘을 의미하는 skin과 sky 역시 스칸디나비아어에서 유래했다. 참고로 스칸디나비아어의 한 갈래인 덴

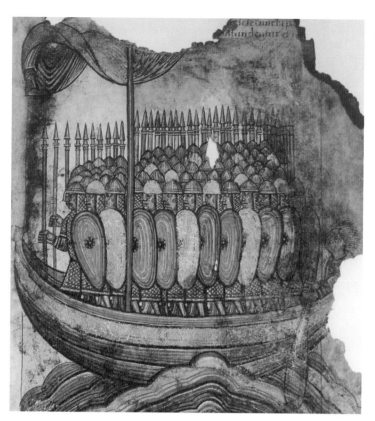

마크어에서 sky는 구름을 뜻하기도 했는데, 셰익스피어의 작품에서도 그런 뜻으로 쓰인 예를 찾아볼 수 있다.

고대 영어에 들어간 바이킹의 언어 중에는 bloom(꽃), gift(선물)같은 말도 있었지만, 그 뜻은 지금의 영어와 많이 달랐다. 고대 영어에서 bloom은 금속 덩어리를 뜻하는 말이었다. 꽃을 의미하는 지금의 시적 의미와는 매우 동떨어져 있다. 또한 gift는 법률적인 용어로서 '아내의 가격을 금전으로 환산한 값'이었고, 그 가격은 결혼할 때 확정되었다고 한다. 바이킹들의 결혼 풍습을 잘 보여주는 말이다.

DAY 90

바이킹 때문에 사라진 영어는 무엇일까?

오늘의 단어 **노르망디Normandy**

바이킹이 브리튼섬에 들어오면서, 그들의 언어가 토착어인 앵글로 색슨어를 밀어내고 심지어 사라지게 한 경우도 많았다. 이번에는 그런 사례를 살펴보자.[*]

· take: 고대 영어 nīman을 밀어내고 영어에 정착한 단어.

· cut: 고대 영어에는 shear(양의 털을 깎다), carve(깎아서 만들다), hew(도구를 써서 자르다) 같은 단어들만 있었다.

· anger: 고대 영어 irre(라틴어 ira)를 대체한 단어.

· die: 같은 뜻의 고대 영어 steorfan는 현대 영어 starve(굶주리다)에 남아 있다.

· leg: 고대 영어 shank는 현대에 자루, 정강이 등의 뜻으로 남아 있다.

· skin: 고대 영어 hide는 현대 영어에서 짐승의 가죽이라는 뜻으로 사용된다.

· wing: 고대 영어 fethra는 나중에 깃털이라는 의미로 남았다.

[*] Henriette Walter의 같은 책, 68.

고유어가 사라지지는 않았지만, 그 의미가 바뀐 경우도 있다. 본래 고대 영어의 dream에는 '꿈'이라는 뜻이 있었지만 그 뜻으로는 거의 사용되지 않았고 '환희'나 '음악'이라는 뜻으로만 사용되었다. 그런데 바이킹이 잠자던 동사의 의미를 되살려놓았다. 그들이 '꿈을 꾸다'라는 의미로 draumer라는 동사를 사용했던 것이다. 또 다른 예를 들어보면 현재 영어에서 칼을 의미하는 단어는 knife인데, 이 말은 영어의 고유어인 seax(단검)를 밀어냈다. 원래 색슨족은 단검을 잘 사용하는 민족이라는 뜻이었다.

스칸디나비아어가 영어에 준 말 중에 window도 있다. 이 단어는 스칸디나비아어를 모방해 만들어진 단어인데, 본래의 형태는 vindauga이다. 바람이라는 뜻의 vind와 눈이라는 뜻의 auga가 합성되어 생긴 말이다. 중세에는 지금처럼 번변한 창문이 없었으므로 창문이라는 말은 바람의 눈, 즉 '바람구멍'에서 만들어진 말임을 알 수 있다.

색슨족이 즐겨 사용하던 단검의 실물. 오른쪽의 검은 복제물이다.

영국을 정복한 노르망디 공 윌리엄의 동상이 고향인 프랑스의 노르망디에 있다. 이 동상의 기단에는 윌리엄의 5대조인 롤롱이 보인다(오른쪽 사진). 이들이 없었으면 영어의 운명은 크게 달라졌겠지만, 한편으로 윌리엄은 현재 영국의 여왕 엘리자베스 2세의 32대 조상이다.

9세기부터 북해로 진출한 덴마크의 바이킹 중에는 다소 늦게 약탈(그들은 '탐험'이라고 불렀을 것이다)에 합류한 부족이 있었는데, 그들은 이미 식민지 개척이 끝난 브리튼섬보다는 다른 곳으로 눈을 돌렸다. 더 남쪽에 위치한 프랑스의 서부 해안 지방이 그들이 노리던 지역이었다.

서기 911년 바이킹의 수장 롤롱은 프랑크 왕국의 단순 왕 샤를에게 신하의 서약을 하고 엄청난 봉토를 하사받았다. 단순 왕 샤를은 그들에게 '북쪽에서 온 사람'이라는 뜻의 노르만Northman이라는 명칭을 주었고, 나중에 이 이름은 노르망디가 되었다.

노르망디에 정착한 바이킹들은 일찍이 프랑스 여인들과 결혼해서 현지 문화에 급속도로 정착했다. 그 결과 바이킹의 언어는 노르망디의 지명, 그리고 우수한 해양 기술과 관련된 용어로만 프랑스어에 흔적을 남겼다.

캐나다는 실수로 붙여진 이름이다?

DAY
91

오늘의 단어 **캐나다Canada**

✦◆✦

오늘은 각 나라의 이름이 가진 유래와 의미를 살펴보려고 한다. 예를 들면 대한민국은 한민족의 나라라는 뜻이며, 일본은 해가 뜨는 나라라는 뜻이다. 사람의 이름에 중요한 뜻이 숨어 있듯이 각국의 이름에도 수천 년의 역사가 숨어 있다.

먼저 독일이다. 원래 발음은 도이칠란트인데, 일본인들이 음역하면서 독일이 되었다. 일제 강점기에 일본어식 한자 음차 표기인 도이쓰로 들어왔고, 이를 다시 한국식 한자음으로 읽은 것이다. 그 전에는 중국의 영향을 받아 덕국德國이라고 불렀다. 독일은 역사적으로 많은 부족으로 나뉘어 있었기 때문에 주변국들이 독일을 부르는 명칭도 다양하다. 프랑스는 '알레만족의 나라'라는 뜻에서 알마뉴Allemagne라고 부른다. 스웨덴은 독일을 튀스크란트Tuskland라고 부르며 고대 로마에서는 게르마니아Germania로 불렀다.

프랑스는 게르만족의 한 갈래인 '프랑크족의 나라'라는 뜻이다. 프랑크푸르트가 프랑크족의 고향이다. 게르만어로 frank라는 말은 자유롭다는 뜻인데, 지금도 프랑스어에서 franc은 솔직하다는 의미로 사용된다. 영어의 frank와 같은 의미다.

캐나다의 경우를 보자. 어떻게 보면 실수로 붙여진 이름이다. 프

1534년, 지금의 캐나다 동부 지방인 테르뇌브Terre-Neuve에 도착한 프랑스의 탐험가 자크 카르티에.

랑스의 탐험가 자크 카르티에Jacques Cartier가 1534년에 캐나다를 발견했는데, 현지 원주민들의 언어로 캐나다는 마을을 뜻했다. 하지만 카르티에는 캐나다가 이 지방의 이름인 것으로 잘못 이해했다고 한다.

다른 나라들도 간략하게 살펴보자.

· 미국America: 독일의 지도 제작자 마르틴 발트제뮐러Martin Waldseemüller가 이탈리아 탐험가 아메리고 베스푸치Amerigo Vespucci의 이름을 따서 붙였다.

· 이탈리아Italia: 고대 이탈리아 중부 지방에 살던 오스키족의 왕 이름인 비탈리우Vitaliu에서 유래했다.

· 포르투갈Portugal: 수도 리스본 다음으로 큰 도시 포르투Porto의 라틴어 이름 Portus Cale(고요한 항구)에서 유래했다.

· 오스트레일리아Australia: 라틴어로 '남쪽의 땅'이라는 뜻을 가진 가상의 대륙 Terra Australis에서 유래한 이름이다.

· 오스트리아Austria: 오스트리아의 독일어 명칭 Österreich는 '동쪽의 제국'을 뜻하는 고대 고지독일어 Ostarrîchi에서 기원한다. Austria는 이를 라틴어로 바꾼 이름이다.

· 아르헨티나Argentina: 16세기 이탈리아 탐험가 세바스티안 캐벗Sebastian Cabot이 '은의 나라'라는 의미에서 La Plata라고 이름을 붙였으나, 스페인으로부터 독립한 뒤에 스페인어 이름을 버리고 라틴어 Argentina로 개명했다. 화학에서 은의 원소 기호가 Ag라는 사실을 상기해보자.

뵈닉하우젠 탑이 될 뻔한 에펠탑?

오늘의 단어 **에펠탑Eiffel Tower**

✦✦✦

프랑스를 대표하는 관광 명소 에펠탑. 1년에 무려 700만 명의 관광
객들이 이 탑을 찾는다. 본래 이 탑은 1889년 프랑스 혁명 100주년
을 기념하는 만국박람회의 상징 조형물로 건설되었는데, 당시의 명
칭은 '300미터 탑'이었다. 그러나 이 탑의 건설에 반대했던 사람들은
이 탑을 '에펠탑'으로 불렀다. 탑을 조롱하기 위해 붙인 이름이 지금
은 프랑스의 상징이 된 것이다.

에펠탑을 디자인하고 지은 귀스
타브 에펠Gustave Eiffel의 조상은 독일인
이었다. 본래 에펠 집안의 성은 뵈닉
하우젠Bönickhausen과 에펠, 즉 성과 별
명을 함께 사용하고 있었다. 앞에 놓
인 성은 누가 보더라도 독일 성임을
알 수 있다. 그런데 자신들의 본명인
뵈닉하우젠이 너무 독일식 이름이었
고, 프랑스인들이 제대로 발음도 하
지 못했다. 그래서 에펠의 조상은 파
리에 정착한 18세기부터 자신들이

에펠탑의 기둥 앞에 설치
된 에펠의 흉상. 머리 위의
탑만 보다 보면 지나치기
쉬운 조형물이다.

살던 고장인 아이펠Eifel이라는 지명을 성명 뒤에 붙여 사용하기 시작했다. 특히 귀스타브 에펠은 자신의 성에 대해 거부감을 가지고 있어, 앞의 성을 빼고 에펠만을 사용했다.

에펠탑에 관한 유명한 일화로 19세기의 소설가 모파상Guy de Maupassant을 빼놓을 수 없을 것이다. 그는 여느 파리 시민들과 마찬가지로 에펠탑의 건설에 적극적으로 반대했다. 그런데 탑이 완공된 뒤에는 매일같이 에펠탑에 찾아와 2층의 레스토랑에서 식사를 했다고 한다. 그 광경을 목격한 사람이 모파상에게 물었다. "선생님은 에펠탑이 그렇게 싫다고 하지 않으셨습니까? 그런데 왜 매일 여기에 오셔서 식사를 하십니까?" 모파상은 이렇게 답했다. "파리에서 에펠탑이 안 보이는 곳은 여기밖에 없지 않습니까?"

작가의 재치가 잘 드러나는 에피소드지만, 내 생각은 다르다. 어쩌면 모파상은 19세기 철강 구조물의 총아인 에펠탑을 마음속으로 흠모하고 있었을지 모른다. 주변 사람들 모두가 에펠탑을 욕하는데 자신만 마음에 든다고 말할 수는 없지 않았을까? 그리고 에펠탑이 싫어서 매일 온다는 변명이야말로 기막히지 않은가? 모파상만이 진실을 알고 있으리라.

기 드 모파상(1850~1893)
프랑스의 소설가. 대표 작품으로는 《여자의 일생》이라는 장편이 있다. 어떤 감동이나 과장 없이 사실을 적나라하게 묘사한 것으로 유명하다. 그의 소설에 나오는 인물들은 대체로 염세주의적인 면이 강하다.

미시시피강과 미나리가 한 뿌리라고?

오늘의 단어 미시시피Mississippi

✦✦✦

지명은 언어의 역사를 가장 잘 보존하고 있는 보물 창고 같다. 특히 미국의 지명은 북미 대륙의 개척사를 보여주는 증거다. 가장 많은 지명은 역시 영국의 지명이고, 세인트루이스Saint Louis 같은 프랑스 왕 이름(루이 9세)도 있다. 나폴레옹이 미국에 매각한 프랑스 식민지 루 이지애나Louisiana도 역사를 보여주는 지명이다.

미국의 지명에는 아메리카 원주민들의 언어도 남아 있다. 미시건 Michigan은 알곤킨족Algonkins의 언어로 '큰 물'이라는 뜻이고, 시우족 Sioux 언어로 미시시피Mississippi는 '큰 강', 미네소타Minnesota는 '구름이 낀 물의 색', 미주리Missouri는 '진흙탕 물'이라는 뜻이다. 눈썰미 있는 독자들은 아마도 이 지명들 사이에서 공통분모인 mi라는 말이 물 을 의미한다는 사실을 간파했으리라. 그런데 이것이 우리에게 흥미 로운 단서를 하나 주고 있다.

자, 북미에서 공간을 건너 한반도, 그중에서도 한국어로 들어가 보자. '미나리, 미꾸라지, 미끄러지다' 같은 말을 생각해보자. 미나리 는 수생식물로서, '나리'가 꽃이라는 뜻이다. 개나리는 참나리에 비 해 질이 떨어지는 꽃이라는 의미다. 영어의 water, wet, wash가 하나 의 어원에서 나온 것과 같은 이치다. 그렇다면 '미나리, 미꾸라지, 미끄러지다'에서 공통분모는 '미'가 될 것이고 그 글자가 물을 의미한다고 볼 수 있다. 고구려의 언어로 물은 '매', 일본어에서 水는 '미즈'로 읽는다.

우리의 조상은 인종학적으로 몽골로이드Mongoloid라고 부른다. 유럽인들의 조상인 코카소이드Caucasoid, 흑인의 조상인 니그로이드Negroid와 더불어 3대 인종군이다. 피부색이 다양하지만 주로 황갈색이며, 모발은 검고 직모다. 시베리아와 몽골 초원을 중심으로 널리 퍼져 살던 몽골로이드 중에서 한 갈래가 지금부터 4만 년 전에서 1만 6,000년 전에 빙하를 건너 북아메리카로 이주했다. 다시 말해 북아메리카의 원주민들과 한국인 및 일본인의 조상이 멀리 한곳에서 만난다는 말이다. Mississippi를 비롯한 지명에서 발견되는 mi의 의미가 고대 국어의 미(물)와 같은 의미를 가지고 있다는 것이 흥미롭지 않은가?

단어의 뿌리, 기호

DAY 94

왜 성경에는 40이라는 숫자가 많이 나올까?

오늘의 단어 **검역quarantine**

✦✦✦✦✦✦✦✦✦✦✦✦✦✦✦✦✦✦✦✦✦✦✦✦✦✦✦✦✦✦✦✦✦✦✦

구약성경에 보면 노아의 대홍수에 대한 이야기가 나온다. 하늘에서 비가 내리는데 무려 '40일' 동안 쉬지 않고 내렸다고 적혀 있다. 40이라는 수는 모세가 히브리 노예들을 이집트에서 구출해 광야로 나왔을 때도 등장한다. 젖과 꿀이 흐르는 팔레스타인으로 가기 전에 무려 '40년' 동안 모세의 무리는 광야에서 방황하게 된다. 마찬가지로 신약성경에서 예수는 광야에서 시험에 들지 않기 위해 '40일' 동안 금식했다. 부활절 전에 찾아오는 사순절도 '40일' 동안 육식을 금하며 예수의 부활을 기리는 기간이다. 도대체 기독교에서 40이라는 수는 무슨 의미를 지니고 있는 것일까?

여기에 대한 답을 찾으려면 히브리인들이 살았던 시대를 넘어 그 이전의 문명으로 들어가야 한다. 지금으로부터 5,000년 전의 이라크 지방으로 가보자. 이 지방은 두 강, 즉 유프라테스강과 티그리스강을 끼고 찬란한 고대 문명의 꽃을 피웠던 곳이다. 후대에 그리스인들은 '두 강 사이의 땅'이라는 의미의 메소포타미아Mesopotamia라는 지명을 붙여주었다.

이 지방에 처음으로 정착한 민족은 수메르족Sumerian이었다. 그들은 인류 최초의 문자인 쐐기문

세계 4대 문명
전 세계적으로 가장 먼저 문명이 발달한 지역 4곳을 말한다. 네 지역 모두 큰 강을 끼고 있다. 메소포타미아 문명이 4대 문명에 포함되며, 나머지 3군데는 이집트 문명(나일강), 황허 문명, 인더스 문명이다.

TIP

자를 발명했을 뿐만 아니라, 천문학에도 조예가 깊었다. 수메르인에게는 고유의 신들이 있었는데, 수메르 신들은 자신들이 관장하는 천체 및 대상에 따라 고유 숫자도 가지고 있었다. 달의 신 난나에게는 30이 주어지고, 지하수의 신 엔키에게는 40이라는 숫자가 부여되는 식이다. 아래는 수메르인이 숭배하던 주요 신들과 각 신이 상징하는 숫자다.

- 안Anu: 60, 수메르 최고의 신이자 하늘 신.
- 엔릴Enlil: 50, 바람의 신.
- 엔키Enki: 40, 지하수의 신.
- 난나Nanna: 30, 달의 신.
- 우투Utu: 20, 태양의 신.
- 인안나Inanna: 15, 금성의 신.
- 아다드Adad: 10, 천둥의 신.

자, 그럼 한번 상상해보자. 물은 어떤 역할을 하는 물질인가? 동서고금을 막론하고 물은 모든 것을 청결하게 해주는 물질이다. 다시 말해 정결의 상징이다. 지하수의 신 엔키에게 정결의 능력이 부여된 것은 그리 이상하게 느껴지지 않는다. 그런데 신기한 것은, 유대교의 구약성경과 기독교의 신약성경에서도 40이라는 수가 동일한 역할을 하고 있다는 점이다.

문명은 물처럼 높은 곳에서 낮은 곳으로 흘러 들어간다. 지금의 이스라엘 지방이 고대에는 메소포타미아 지방의 일부였다. 수메르 제국이 멸망하고 역사의 부침을 지나 바빌로니아 왕국Babylonia이 이라크를 중심으로 전성기를 누리고 있을 때, 이스라엘 민족은 바빌로니아 왕국의 수도인 바빌론으로 끌려와서 노예 생활을 하게 된다. 변방에서 대접받지 못하던 소수민족이 선진 문화에 노출된 것이다. 물론 바빌론의 문화와 신화도 자연스럽게 이스라엘 문화에 들어갔을 것이다. 이런 과정을 통해 고대 수메르에서 정결을 의미하던 숫자

해외여행을 할 때는 꼭 '엔키의 문'인 검역의 문을 통과해야 한다.

40이 이스라엘 신화 및 구약성경에 영향을 주었을 것이라고 추측해 볼 수 있다.

숫자 40을 언어적으로 1번 더 풀어보자. 14세기에 유럽에서 흑사병이 창궐하던 무렵, 크로아티아의 한 도시에서는 이방인이 도시에 들어올 때 30일 동안 성문을 열어주지 않았다고 한다. 치명적인 흑사병의 감염을 우려했기 때문이다. 그러다가 그 기간을 40일까지 연장했다고 한다. 일종의 검역 기간을 정한 것이다.

현대 영어로 검역을 뜻하는 quarantine의 어원은 이탈리아어나 프랑스어에서 40을 뜻하는 quarante다. 5,000년 전 정결의 신 엔키의 숫자 40은 현대에도 살아 있다.

인류 최초의 문자는 무엇일까?

오늘의 단어 **쐐기문자**cuneiform letters

✦✦✦✦✦✦✦✦✦✦✦✦✦✦✦✦✦✦✦✦✦✦✦✦✦✦✦✦✦✦✦✦✦✦✦✦✦✦✦

최초의 문자는 지금의 이라크 지방인 메소포타미아에서 발명된 쐐기문자다. 인류가 문자를 발명한 이유는 무언가를 기록하기 위해서였을 것이다. 제사 의식, 왕실의 족보, 신화 등 중요한 것을 후대에게 넘겨주기 위해서, 혹은 당대에 그것들을 더욱 발전시키기 위해서 문자를 통해 기록을 저장했을 것이다.

그래서 고대에 문자가 처음 사용된 시기는 계산에 필요한 기호를 발명하면서부터다. 다시 말해 교역이 증가하자 그 과정과 결과를 기록하기 위해 문자를 발명한 것이다. 그리고 대부분의 언어에서 수의 체계는 문자 체계에서 빌려오게 된다.

0	10	100	1,000	10,000	100,000	1,000,000

고대 이집트에서는 이렇게 상형문자로 수를 나타냈다. 아무리 간단하게 수를 표시하려 해도, 올챙이와 사람을 그리려면 꽤 시간이 걸렸을 테니 불편해 보인다.

〈 ‖ =12   ‖ =62   《 ₩ =25

인류 최초의 문자인 메소포타미아의 쐐기문자들이다. 문자의 모양이 쐐기와 닮았다고 해서 쐐기문자라고 부른다(설형문자라고도 한다). 여기서도 쐐기문자에 수의 단위를 부여해 숫자 체계를 만들었음을 알 수 있다. 10을 나타내는 숫자(◁)와 60을 나타내는 숫자(𒁹)의 모습이 다른 이유는 고대 메소포타미아인들이 우리가 사용하는 10진법이 아니라 60진법을 사용했기 때문이다.

그리스인들은 그리스 알파벳을 사용해 숫자를 표기했는데, I(요타)는 1, Δ(델타)는 10, H(에타)는 100을 나타냈다. 하지만 숫자와 알파벳 사이의 직관성은 I를 빼고는 짐작하기 어렵다. 그리스 숫자에 비해서 로마 숫자는 그래도 좀 나아 보인다. 우리에게도 익숙한 로마 숫자의 체계는 아래와 같다.

로마인들은 10을 X로 표기했고, 5는 X의 위쪽 반만 표기했으므로 10의 절반이다. 어떤 이는 C가 라틴어로 100을 나타내는 Centum

기호	I	V	X	L	C	D	M
수	1	5	10	50	100	500	1000

이 집은 언제 지어진 걸까? 앞의 표에 따르면 1000, 500, 300, 50, 30이니 1883년을 의미한다. 멋은 있지만 불편하다.

의 약자라고 하지만, 사실은 그렇지 않다. 본래 100을 표현할 때는 10에 10을 곱한 기호인 IX를 썼다. 여기서 I와 X는 각각 10을 의미한다. 이 모양은 나중에 Ж가 되었고, ＞I＜가 되었다가 ⊃IC가 되었다. 마지막으로 줄어들어 C가 된 것이다.

로마의 숫자 체계에서 또 흥미로운 사실은 로마인들이 덧셈을 통해서만 수를 헤아린 것이 아니라 뺄셈을 통해서도 수를 셌다는 것이다. 예를 들어 9는 10에서 1을 뺀 IX로 표기했으며, 400은 500(D)에서 100(C)을 뺀 CD로 표기했다.

끝으로 현재 우리가 사용하는 숫자인 아라비아 숫자의 변천을 보자. 사실 아라비아 숫자는 아랍에서 발명된 것이 아니다. 인도에서 처음 발명되었으나, 이를 유럽에 전해준 사람들이 아랍인들이었기 때문에 이렇게 이름이 붙은 것이다.

인도에서 사용되던 숫자가 점점 아라비아 숫자로 변하는 과정.

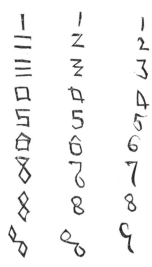

프랑스어와 영어는 왜 숫자 세는 법이 다를까?

DAY 96

오늘의 단어 **계산기calculator**

★★

수를 셀 때 우리가 아는 가장 보편적인 방법은 10을 기본 단위로 세는 10진법이다. 10진법으로 수를 세면 11은 10+1이 된다. 그런데 인류가 항상 10진법을 사용한 것은 아니다. 특히 프랑스어는 켈트족이 사용하던 20진법의 흔적을 아직도 간직하고 있다. 프랑스어에서 80은 quatre-vingts이라고 쓰는데, 숫자로 표기하면 4×20이다. 그렇다면 90은 어떻게 말할까? Quatre-vingts-dix다. 즉 4×20+10인 것이다. 프랑스어를 처음 배우는 사람들이 매우 고생하는 부분 중 하나다.

고대 메소포타미아인들은 계산을 할 때 작은 조약돌을 사용했다. 작은 원추형의 돌은 1에서 60까지를 의미했고 구멍이 뚫린 원추형의 조약돌은 600을 의미했다. 그리고 구멍이 여러 개 뚫린 큰 돌은 36,000을 의미했다. 즉 메소포타미아는 60을 근간으로 셈하는 60진법을 사용했던 것이다.

조약돌이 없을 때는 어떻게 했을까? 양손을 가지고 수를 세기도 했다. 먼저 12까지의 수는 오른손의 엄지를 사용한다. 손바닥을 펼쳐보면, 엄지손가락을 제외한 각 손가락에는 마디가 3개씩 있다. 새끼손가락부터 1번째 마디는 1, 2번째 마디는 2, 3번째 마디는 3을 의미했다. 그다음은 약지로 넘어간다. 1번째 마디가 4, 2번째 마디가 5

CHAPTER 6_단어의 뿌리, 기호   **269**

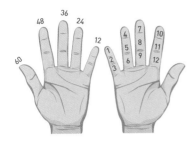

다. 이런 식으로 하다 보면 검지 3번째 마디가 12가 된다. 엄지손가락으로 각 마디를 짚으며 숫자를 나타내는 것이다.

문제는 13부터다. 이때부터는 왼손이 사용된다. 왼손 새끼손가락은 12를 나타내고, 약지는 24, 중지는 36, 검지는 48, 엄지는 60을 나타냈다. 왼손 엄지를 왼손 새끼손가락에 대고, 오른손으로 1부터 12까지의 수를 만들면 13부터 24까지의 수를 만들 수 있는 것이다. 이런 방식으로 양손을 사용하면 60까지의 수를 셀 수 있다.

고대 로마인들도 조약돌의 편리함을 알았는지 계산을 할 때 조약돌을 사용하였다. 라틴어로 조약돌은 calculus라고 하는데, 요즘 우리가 사용하는 계산기인 calculator의 어원이다.

오늘의 단어 **더하기|plus, 빼기|minus**

✦✦✦

고대 이집트인들은 덧셈 기호를 ∧로 썼다. 다리 2개의 모양이다. 때로는 이 기호를 좌우 반전해서 사용하기도 했는데, 필서의 방향에 따라 선택적으로 적용했다. 즉 이집트에서는 글을 쓸 때 좌에서 우로 쓰기도 하고, 우에서 좌로 쓰기도 했던 것이다. 심지어는 가운데에서 시작해서 좌우로 방향이 바뀌는 글자의 조합도 있었다.

IMEN	TOUT	ANKH	
아몬	상징	살아 있는	= 아몬의 살아 있는 상징

이 상형문자는 유명한 소년 파라오 투탕카멘 Tutankhamun의 이름을 쓴 것이다. 그런데 놀라운 사실은 이 이름의 문자들이 사실 가운데에서 시작해서 오른쪽으로 갔다가 마지막에는 왼쪽에서 끝나도록 배열되어 있다는 점이다. 이러니 상형문자의 해독에 많은 시간이 걸릴 수밖에 없었을 것이다.

다시 덧셈 기호의 역사로 돌아가자. 문헌상 덧셈 기호(+)를 가장

> **투탕카멘**(재위 기원전 1361~기원전 1352)
> 이집트 제18왕조의 파라오. 20세기 초에 투탕카멘의 무덤과 미라가 발견되면서 세상에 알려졌다. 그가 파라오의 자리에 오른 것은 10살 때였고 재위 10년을 채우지 못한 채 18살에 말라리아 감염으로 사망했다.
>
> **TIP**

먼저 사용한 사람은 14세기 프랑스의 철학자이자 수학자인 니콜 오렘Nicole Oresme이라고 전해진다. 하지만 15세기에는 아직 plus를 의미하는 p 위에 줄을 그은 p̄를 덧셈 기호로 사용했고, 뺄셈 기호(-)는 minus를 의미하는 m̄형태로 사용했다. 기호 +는 라틴어로 and를 의미하는 et를 통해 만든 기호다. 뒤에서 나올 &는 et를 추상화한 기호이고, +는 et를 단순화한 기호라고 할 수 있다. 아무래도 라틴어의 et는 중요한 기호를 만드는 데 약방의 감초처럼 쓰인 것 같다.

곱셈 기호(×)는 17세기 영국의 수학자 윌리엄 오트레드William Oughtred가 발명했다. 그리고 등호(=)는 영국의 수학자인 로버트 레코드Robert Recorde가 16세기에 발명했는데 그는 2개의 선을 나란히 긋고 두 선분의 길이가 같음을 근거로 등호를 발명했다고 한다. 끝으로 나눗셈의 기호(÷)는 스위스의 요한 하인리히 란Johann Heinrich Rahn이 1659년에 발명했는데, 비율을 나타내는 기호(:)을 응용해서 만들었다고 한다.

곱셈에 관한 흥미로운 계산법으로는 그리스의 곱셈법을 들 수 있다. 만약 그리스에서 25×43을 계산한다면 25에 들어있는 20을 빼내 20×40=800을 하고, 43에 아직 3이 남아 있으므로 20×3=60을 한다. 다음 단위는 5이므로 5×40=200을 하고, 다음 단계에서 5×3=15를 얻는다. 이렇게 조각조각 나누어 곱셈을 한 결과를 더하면 800+60+200+15=1075가 된다. 구구단이라는 훌륭한 발명품을 일찍이 배운 것에 감사해야겠다.

27번째 알파벳이 존재한다고?

오늘의 단어 **그리고ampersand**

✦✦✦

우리가 흔히 '그리고'의 의미로 사용하는 기호 &는 전문 용어로 어표語標라고 한다. 이 기호는 고대의 문자 체계에 쓰였던 특별한 기호를 말하며, 한 단어나 구를 나타내는 상징이다. 그런데 이 기호가 왜 '그리고'의 의미를 가지게 되었을까?

모든 사물에 명칭이 있듯이 이 기호에도 이름이 있다. 영어로는 ampersand라고 한다. 풀어 쓰면 'and per se and'라는 뜻이다. Per se는 라틴어로 '그 자체가'라는 의미이므로 ampersand의 뜻은 '&는 그 자체가 and'라는 뜻이다. 기호 &의 모양은 '그리고'라는 뜻의 라틴어 접속사 et를 형상화한 것이다.

&는 로마의 웅변가 키케로Cicero의 비서였던 티론Tiron이 발명했는데, 키케로의 연설을 속기로 옮기기 위해 이 기호를 만들어 사용했다고 한다. 이런 전통은 프랑크 왕국 시대에도 이어져 속기사들이 etc.(라틴어로 '기타 등등'이라는 의미의 et cetera를 줄인 것)를 &c로 표기하기도 했다. &는 19세기까지 영어에서 27번째 알파벳으로 여겨지기

1863년에 인쇄된 영어 교본에는 &가 Z 다음의 마지막 알파벳으로 나온다.

도 했다.

참고로 라틴어에서 파생된 프랑스어에서는 &를 esperluette라고 부르는데, 이 합성어를 한 단어씩 분리하면 'et per se et'이 된다. 프랑스어는 라틴어처럼 '그리고'의 의미로 et를 쓰므로 구조나 의미가 영어의 ampersand와 똑같다.

이메일 주소에 쓰는 골뱅이는 어디서 왔을까?

DAY 99

오늘의 단어 **골뱅이**at sign

✦✦

우리가 골뱅이라고 부르는 @의 영어식 이름은 'at sign'이다. @가 at이라고 인식하면서 이번 주제를 읽어주기 바란다. 자, 그러면 @의 유래에 대해 살펴보자.

가장 오래된 @의 흔적은 멀리 14세기까지 거슬러 올라가는데, 그리스어를 불가리아어로 번역해서 간행했던 《마나세의 기도문Manasses Chronicle》에서 발견된다. 기도문의 마지막 자리에 있어야 할 '아멘 amen!' 대신에 @이 사용된 것이다. 하지만 왜 @이 아멘을 대신했는지는 의문이다.

@의 기원에 대한 설 중에 신빙성이 있는 것들만 소개하겠다. 먼저 @이 상업적인 기록을 할 때 사용되던 속기사들의 기호라는 설이다. 이 경우 @은 '각 품목당'이라는 뜻이다. 예를 들어 "12 apples @ $1"라고 표기하면 "1개당 1달러 하는 사과 12개"라는 뜻이다.

2번째 설은 중세의 수도사들이 라틴어의 전치사 ad(영어의 at, toward, by, about 등의 의미를 가지는 전치사)를 표기하는 기호로 사용했다는 설이다. 사실 성경 같은 것을 손으로 옮겨 적을 때 전치사 ad가 수없이 원전에

기도문의 맨 끝에 @이 보인다.

등장했을 테니, @을 사용하면 비싼 잉크와 파피루스를 절약할 수 있었을 것이다.

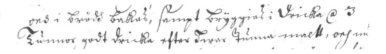

@을 누가 먼저 사용했는지에 대해서는 의견이 분분하지만, 이것이 사용된 역사에 대해서는 남아 있는 기록들이 많다. 일찍이 신대륙을 개척했던 스페인과 포르투갈은 @을 arroba라고 했는데, 25파운드의 무게 단위로 사용되었다고 한다. 프랑스어에서도 @을 arrobase라고 한다. 하지만 현대인에게는 그저 이메일 주소에 없어서는 안 되는 기호로 자리를 잡은 것 같다.

마지막으로, 다른 나라에서는 @을 어떻게 읽는지 알아보자.

· 그리스: papaki. 만화 주인공인 새끼 오리와 비슷해서 붙여진 이름이다.
· 중국: 여러 명칭이 있지만, 대부분의 중국 젊은이들은 영어 at을 음역한 艾特(발음은 아이테)로 사용한다.
· 이탈리아: 달팽이를 뜻하는 chiocciola를 사용한다. 한국어와 제일 비슷한 단어를 쓴다.

· 일본: 영어의 at mark를 음역해서 '아토마쿠'라고도 부르지만, 어묵의 일종인 나루토마키에서 따와 '나루토'라고 부르기도 한다.
· 폴란드: 원숭이라는 뜻의 malpa라고 부른다.
· 스위스(독일어권): 원숭이 꼬리를 뜻하는 Affenschwanz를 쓴다.

고대 그리스 사람들은 띄어쓰기를 했을까?

DAY 100

오늘의 단어 **물음표**question mark

✦✦✦✦✦✦✦✦✦✦✦✦✦✦✦✦✦✦✦✦✦✦✦✦✦✦✦✦✦✦✦✦✦✦

상형문자 해독에 결정적인 단서를 제공한 로제타스톤Rosetta stone에는 3종류의 문자가 음각되어 있다. 상형문자의 정서체, 필기체, 그리스 문자다. 혹자는 문자들이 1칸의 여백도 없이 빽빽하게 새겨진 것을 보고 '아니, 왜 이집트나 그리스에서는 모든 단어를 구두점도 없이 붙여 썼어?'라고 생각할 수도 있다.

하지만 고대 그리스인들은 문장을 적을 때 단어 사이에 빈칸을 두고 글을 적었다. 물론 그런 방법이 일반적이지는 않았다. 이후 시간이 흘러 기원전 3세기에서 기원후 2세기경에 알렉산드리아 도서관의 책임자들이 3종류의 구두점을 발명했다. 그들이 발명한 구두점들은 단어 옆 상중하의 위치에 찍혔다. 위에 찍힌 점은 마침표(.), 중간에 찍힌 점은 세미콜론(;), 아래에 찍힌 점은 콜론(:)의 역할을 했다고 한다.

중세에 들어와서 구두점의 사용은 오히려 퇴보하거나 사라지는 경향을 보인다. 그럼에도 불구하고 7세기에서 8세기를 거치면서 아일랜드와 앵글로색슨 출신의 수도사들을 중심으로 단

로제타스톤은 1799년 나폴레옹 군대가 발견했지만, 영국군에 패한 프랑스군이 철군하면서 이 돌을 팽개치고 가는 바람에 지금은 대영박물관에 소장되어 있다.

어 사이에 공백을 두거나 구두점을 사용하기 시작했다. 그리고 9세기에는 물음표도 사용되었다.

혹자는 라틴어로 질문이라는 뜻의 quæsitio에서 물음표가 탄생했다고 생각한다. 하지만 인류의 발명품을 설명할 때는 언제나 완벽한 해설이 어렵다. 또 어떤 사람은 물음표가 턱을 괴고 골똘히 사색에 잠겨 있는 사람의 모습을 형상화했다는 설을 제안하기도 한다.

quaestio quaestio qo⌇◦̣ ◦̣ ? ?

한편 구두점을 처음으로 만든 그리스인들은 지금도 세미콜론(;)을 물음표로 사용하고 있다. 예를 들어 "Πού είναι;"라는 문장을 영어로 번역하면 "Where is (he)?"가 되는 식이다.

느낌표에 대한 기원설은 물음표보다 분명해 보인다. 느낌표는 라틴어로 '만세!'를 뜻하는 감탄 표현인 io에서 유래했다고 한다. 중세의 필경사들이 i는 길게 늘이고, o는 점점 작게 줄여 점으로 만든 다음 i 밑에 찍었다는 것이 정설이다.

더불어, 스페인어에는 거꾸로 된 물음표와 느낌표가 있다. 예를 들면 의문문은 "¿Estás loco?"와 같이 쓰고, 감탄문은 "¡Casi la mataste!"와 같이 쓴다. 문장을 다 읽어야 감탄문이라는 사실을 알 수 있는 다른 언어와는 달리, 스페인 사람들은 일단 감탄부터 하고 문장을 읽을 수 있다. 준비성이 참 뛰어난 민족이다.

아랍어의 경우 오른쪽에서 왼쪽으로 글을 쓰기 때문에 물음표의 방향이 반대다.

그림 출처

[20쪽] ©Luiz Eduardo, Wikimedia Commons.

[32쪽 아래 왼쪽] ©Karl Allgaeuer, Shutterstock.

[32쪽 아래 오른쪽] ©Julia Metkalova, Shutterstock.

[39쪽] ©Diliff, Wikimedia Commons.

[46쪽] ©Alvesgaspar, Wikimedia Commons.

[47쪽 왼쪽] ©Yair Haklai, Wikimedia Commons.

[47쪽 오른쪽] ©Beata May, Wikimedia Commons.

[49쪽] ©nik_she, Shutterstock.

[56쪽] ©Eva van Mossevelde, Wikimedia Commons.

[60쪽] ©chapulina, https://dodontdontdo.wordpress.com/2011/05/14/no-durian-
　　　singapore-train-station/.

[61쪽] ©Eduard Radu, Shutterstock.

[65쪽] ©Jondu11, Wikimedia Commons.

[72쪽] ©Anne97432, Wikimedia Commons.

[77쪽 왼쪽] ©User:Colin, Wikimedia Commons.

[77쪽 오른쪽] ©MadriCR(Mauricio Salazar), Wikimedia Commons.

[79쪽 위, 오른쪽] ©Alan Light Autograph Collection, Wikipedia.

[79쪽 아래] ©Hennem08, Wikimedia Commons.

[81쪽] ©Philip Allfrey, Wikimedia Commons.

[87쪽] ©TUBS, Wikimedia Commons.

[93쪽] ©Coyau, Wikimedia Commons.

[102쪽] ©Loudon dodd, Wikimedia Commons.

[109쪽] ©Marie-Lan Nguyen, Wikimedia Commons.

[113쪽] ©Volvo Car Corporation/Volvo Personvagnar AB(media.volvocars.com), Wikimedia
　　　Commons.

[117쪽] ©Ad Meskens, Wikimedia Commons.

[120쪽] ©Photo: Andreas Praefcke, Wikimedia Commons.

[122쪽] ©Vertyr, Shutterstock.

[125쪽] ©Danielclauzier, Wikimedia Commons.

[129쪽] ©Johan Bakker, Wikimedia Commons.

[131쪽] ©chombosan, Shutterstock.

[133쪽] ©Classical Numismatic Group, Inc. http://www.cngcoins.com, Wikimedia Commons.

[136쪽] ©Irish Department of Transport derivative work: Fry1989, derivative work: FOX 52, Wikimedia Commons.

[139쪽] ©Bluebear2, Wikimedia Commons.

[140쪽 왼쪽] ©Karimagicien, Wikimedia Commons.

[140쪽 오른쪽] ©Hadrian, Shutterstock.

[141쪽] ©Sodacan, Wikimedia Commons.

[142쪽] ©ansharphoto, Shutterstock.

[143쪽] ©David Evison, Shutterstock.

[145쪽] ©Marie-Lan Nguyen, Wikimedia Commons.

[146쪽] ©Arpingstone, Wikimedia Commons.

[147쪽 위] ©Marco Verch, Wikimedia Commons.

[147쪽 아래] ©Cmglee, derivative work, Wikimedia Commons.

[150쪽 왼쪽] ©Myrabella, Wikimedia Commons.

[150쪽 오른쪽] ©Charles Le Brun, Wikimedia Commons.

[153쪽 위] ©User:Elementerre, edited by Atoma and Sir Gawain, Wikimedia Commons.

[153쪽 중간] ©Benh LIEU SONG, Wikimedia Commons.

[153쪽 아래] ©Tango7174, Wikimedia Commons.

[154쪽] ©Christophe Finot, Wikimedia Commons.

[155쪽] ©Myrabella, Wikimedia Commons.

[156쪽 왼쪽] ©Sodacan, Wikimedia Commons.

[156쪽 오른쪽] ©Sodacan, Wikimedia Commons.

[157쪽 아래] ©Pastorius at cs.wikipedia, Wikimedia Commons.

[161쪽] ©Sodacan, Wikimedia Commons.

[163쪽 위] ©Sodacan, Wikimedia Commons.

[164쪽] ©User:Spedona, Wikimedia Commons.

[168쪽 위] ©Vincent Ramos, Wikimedia Commons.

[168쪽 아래] ©Peter Gerstbach, Wikimedia Commons.

[169쪽 왼쪽] ©Jtesla16, Wikivoyage.

[169쪽 오른쪽] ©selbst fotografiert, Wikimedia Commons.

[181쪽 오른쪽] ©Jérémy-Günther-Heinz Jähnick, Wikimedia Commons&Louvre-Lens.

[194쪽] ©Jastrow, derivative work: EricMachmer, Wikimedia Commons.

[211쪽] ©photo.ua, Shutterstock.

[215쪽] ©G.dallorto, Wikimedia Commons.

[216쪽] ©Gautier Poupeau, Wikimedia Commons.

[218쪽] ©Sailko, Wikimedia Commons.

[219쪽] ©cjh1452000, Wikimedia Commons.

하루 3분 세계사

ⓒ 김동섭 2017

2017년 8월 17일 초판 1쇄 발행
2017년 12월 15일 초판 3쇄 발행

지은이 | 김동섭
발행인 | 이원주
책임편집 | 최안나
책임마케팅 | 문무현

발행처 | (주)시공사
출판등록 | 1989년 5월 10일(제3-248호)

주소 | 서울시 서초구 사임당로 82(우편번호 06641)
전화 | 편집(02)2046-2861·마케팅(02)2046-2894
팩스 | 편집·마케팅(02)585-1755
홈페이지 | www.sigongsa.com

ISBN 978-89-527-7920-5 03900

이 도서의 국립중앙도서관 출판예정도서목록(CIP)은 서지정보유통지원시스템 홈페이지
(http://seoji.nl.go.kr)와 국가자료공동목록시스템(http://www.nl.go.kr/kolisnet)에서
이용하실 수 있습니다. (CIP제어번호: CIP2017019525)